（最新版）

不用出門補習，寫好國寫作文不難

14位國高中及大學老師，聯手解題，49個範例，教你國文寫作的方法及寫作步驟

107國寫試題解析

汪中文、林登順、陳光明、汪彬、阮玉如、卓毓婷、施穗鈺、高敬堯、莊千慧、黃鈺雯、楊椀清、楊曉君、葉秀娥、CWT全民中檢──合著

五南圖書出版公司 印行

目　　錄

第一章

緒　論

第一節　認識國寫內涵

民國107年開始，國文科寫作測驗有了重大變革。主要的方向有：

1. 將學測、指考都要考的非選擇題獨立成為單獨的一科。
2. 將以往非選擇題的文章解讀、文章分析與引導作文等統合而稱為「國語文寫作能力測驗」（簡稱國寫）。
3. 國文科選擇題佔50分，「國語文寫作能力」佔50分。
4. 指考不再考寫作測驗。學測需要考兩大題作文，各佔25分。
5. 「國語文寫作能力測驗」施測的時間於107年原訂的為80分鐘，自民國108年起調整為90分鐘。
6. 「國語文寫作能力測驗」需要先閱讀兩類文章，一類偏向知性，一類偏重情意；各為單獨一篇長文，或是二至三篇短文的組合。
7. 閱讀的文章可能是白話文、文言文或圖表；題材則有科普、文學、歷史、音樂、藝術、生物等不同的學科。

8. 國寫兩大題作文測驗的目的，一為「知性的統整判斷能力」，評量重點為：「正確解讀文字、圖表，並加以分析、歸納、提出自己的觀點。」一為「情意的感受抒發能力」，評量重點為：「(1)能具體寫出個人實際生活經驗。(2)能真誠表達內心情感。(3)能發揮想像力。」

　　國寫的變革並非貿然實施，而是符應世界的潮流與因應社會脈動的變化，循序漸進、逐漸改良的結果。

　　綜觀世界上英、美、法、日等國的語文測試無不以培養學生的溝通、表達能力為主，強調以閱讀為基礎的寫作。因為溝通的基礎在於了解對方所言所寫，也就是「正確解讀文字、圖表」；表達則要以通順優美的文筆來「提出自己的觀點；寫出個人實際生活經驗、內心情感。」例如，日本、法國都是要求學生閱讀某篇文章以後加以評論，英國的雅思（IELTS）作文則要考兩篇作文：一篇是議論文，一篇是圖文轉寫（如何把雷達圖、圓餅圖或長條圖等改寫成說明文）。美國2016年開始實施的新SAT作文也單獨成為一科，要求考生在50分鐘內閱讀一篇文章，然後完成一篇分析性作文：找出作者原文的中心論點，以及作者使用哪些論據和寫作手法來闡述自己的論點。

　　再者，現代社會對人才的需求也迫使國寫必須做出改變。無論是大學、研究所或職場企業都要求在短時間之內閱讀大量不同的資料，從中分析、統整、歸納，摘取相關的內容與精華（大意摘取），並加以評論其內容見解是否有獨到之處，推論、論證邏輯是否嚴密？論點與論據之間是否具有因果關係？因此，閱讀理解能力的培養將會是國寫測驗的重中之重。

國寫的變革也將促使國文教學在教材與教法上做出因應。國寫的命題素材「涵蓋人文、社會、自然等不同學科領域」，已經公布的參考試題素材來自科普、文學、歷史、音樂、藝術、生物等不同的學科，不僅是文字而已，也包括了圖表閱讀，所以必須培養學生具備跨領域和跨文類的閱讀能力，平時就要大量閱讀報章雜誌以及科普文章等課外讀物。從大學入學考試中心陸陸續續公布的參考試卷，可以發現命題素材有：

1. 文學作品：閱讀周作人〈玩具〉、作家洪素麗的〈瓷碗〉，然後簡答兩題。

2. 歷史：閱讀歷史學家黃仁宇的《萬曆十五年》，要評論名將戚繼光平定倭寇，戰無不勝的理由。

3. 科普文章：閱讀導演史蒂芬・史匹柏〈A. I. 人工智慧〉以及張系國科幻小說〈超人列傳〉，要考生發表「我對人工智慧的看法」；與生物有關的，有閱讀達爾文發現「物種起源」的過程，以「創造與發現」為題作文：閱讀發現去氧核醣核酸（DNA）華生博士的自傳《雙螺旋》，針對華生的行事和心理發表個人的感想與評論。

4. 新聞報導：與藝術、法律有關的新聞，改寫自法新社的報導，講畢卡索生前贈與水電工271幅作品，引發畢卡索兒孫提告水電工偷竊的官司爭議，要考生從「友情何價」與「精心計畫的騙局」兩個主題中擇一作文。

5. 隨筆散文：閱讀Francis Bacon的〈培根隨筆〉分析評論其觀點，欣賞桑塔耶納的〈旅行的哲理〉，以「樹的觀察」為題進行想像。

6. 歌詞：閱讀賽門與葛芬柯〈沉默之聲〉，以「沉默」為題刻劃經驗感受。

7.圖表作文：要求學生閱讀資策會消費者網購調查圖表，然後分析、推論不同年齡層與國內外的網購行為差異。

第二節　國寫應對方法

十二年國教課綱強調「核心素養」，亦即學習不受學科知識、技能的限制，而是要培養適應現代社會生活與面對未來挑戰的態度與能力。因此，所有的學習必須要能與生活結合，擁有解決問題的能力；具備系統思考、符號運用與表達溝通的技能。可以想見，未來的國文測驗與國寫能力測驗都將會緊扣課綱，要求學生能解讀各類文章、資料與圖表，寫出大意重點與評論，或是描寫生活經驗、抒發情感。這意味著未來國文的教學不僅在教材內容的編選上必須更多元化，在教法上也必須做出改變，課堂上不能再要求學生僅記憶背誦片片斷斷有關解釋、修辭的零散知識，而是必須教導學生深入了解文章的內容與背景知識，熟悉各類文章的篇章結構，用自己的話精準地摘取重點大意，並對作者的文章內容、作法提出質疑，進而加以評論、建立自己的觀點。課外，則需要求學生大量閱讀，能夠快速擷取文章的重點，用一兩句話加以概括。也就是說精讀與概覽要並重，將來的國寫測驗會要求閱讀速度與深度的理解能力。

閱讀理解能力和寫作能力息息相關，而且二者都不是與生俱來的，想要學好，必須經由後天的努力，平時就刻苦學習才可以獲致。臺灣自從2006年起就參加了OECD舉辦、由世界多數先進國家參與的PIRLS「國際閱讀素養」（國小四年級學生）與PISA「國際學生能力評量計畫」（國中二年級學生），語文測驗的成績便一直都不理想，

也因此近十年來，教學現場逐漸重視國語文的閱讀理解教學，不只小學的教師專業成長研習，甚至連小學的師培教育也開設閱讀教育等有關的課程。

國寫能力測驗就是以閱讀作爲基礎，學生要在測驗中先使用「預測、連結、提問、找主旨與摘取大意」這些方法與策略來閱讀，然而與寫作能力更爲密切相關的閱讀能力是理解課文（或範文）的篇章結構。平時閱讀就要理解各種表述方式（敘述、說明、議論、描寫、抒情等等）的特點，更要了解各種文類的特色：評論的文章要能掌握論點（中心主旨），論據是何種類型：理論論據還是事實論據？論證的邏輯是歸納還是演繹，是三段論證還是比喻論證？科普文章中要說明的重點爲何？採用的說明方法是定義法、比較對比法、順序方式、空間說明方式，還是因果關係呢？

另外，閱讀情意類或描寫型的文章需要注意的是：

1. 作者爲文的刺激物爲何？是因爲感時、感事、感物，還是感人？例如是由外在環境的春花秋月，或是秋風秋雨，還是荷塘月色或者是桂花雨。

2. 是由五感中的視覺、聽覺、嗅覺、味覺、觸覺中哪一種引發的意象？

3. 描寫的方法或視角是由整體到部分，還是由部分到整體，由近到遠還是由遠到近？或是其他的上下、內外、動靜呢？

4. 這些刺激物引發作者何種情緒？是閒適、開心、愉快、舒暢、激動、憂愁、哀傷、還是沮喪？文章中情緒線的起伏是由高到低還是由低到高，又或是起起伏伏？

平時閱讀文章能夠分析、觀察作者所使用的篇章結構，注意到寫作技巧，並且時時模仿練習，那麼寫作時才能夠順手拈來，加以善

用。

國寫測驗考試答題的閱讀技巧與平時閱讀大同小異，重點在於深刻的理解題意。平時的閱讀可以較為隨意，可是為了寫作而進行的閱讀，在時間及壓力下，必須精準判讀命題者的用意，才能寫出深刻感人的文章。不管是閱讀知性類或是情意類的文章，需要：

1. 快速概覽全文，掌握文章的全貌，判斷文章的類型。

2. 理解題意，找出關鍵句、關鍵語詞，將來寫作時才可以深入發揮。

3. 精讀全文，根據題意歸納出主題句或中心句。

4. 找出支持主題句或中心句的細節、證據、理由。

5. 考慮主題句或中心句與細節、證據、理由之間的關聯性，亦即二者是否有因果關係？在文章中是按照哪種方式排列的？

6. 你對主題句或中心句持何種態度？贊成、反對、部分贊成、部分反對？理由何在？只有先把範文讀透徹，掌握題意，你的寫作才能有的放矢，打動人心。

第三節　國寫評分依據

文章是自我知識與生活體驗的詮釋，也是自我寫作能力的展現。但若作為評量個人讀寫能力的依據時，定須有其評定的標準，方能使人得以遵循。表1依據大學入學考試中心107學年度學科能力測驗國語文寫作能力測驗考試說明，彙整出知性題與情意題的評分依據。

從表1來看，知性題測試統整判斷能力的具備有無，而情意題則重視情意、想像等感性表達能力的展現。以等第和級分來看，只要依

題目進行發揮以完成文章，應拿到C級，然而要獲得B級，必須進一步展現出讀寫能力，能合宜取材布局，清楚明確地陳述想法，至於要得到A級，需要提出深刻的文旨，並展現出精練的文字表現。

表1　國語文寫作能力測驗評分依據

等第	級分	分數	「知性的統整判斷」試題等第能力說明	「情意的感受抒發」試題等第能力說明
A	A+	25-22	能精確掌握題旨，善用各種材料加以拓展發揮，思考深刻，論述明確，結構嚴謹，文辭暢達。	能精確掌握題旨，發揮想像，構思巧妙，體悟深刻，結構完整，情辭動人。
A	A	21-18		
B	B+	17-14	大致能掌握題旨，取用相關材料加以論述，內容平實，結構平穩，文辭平順。	大致能掌握題旨，略能發揮想像、抒發情感，結構尚稱完整，文辭平順。
B	B	13-10		
C	C+	9-6	敘寫不盡符合題旨，材料運用未盡允當，缺乏己見，結構鬆散，文辭欠通順。	敘寫不盡符合題旨，情意浮泛，結構鬆散，文辭欠通順。
C	C	5-1		
0	0	0	空白卷，或文不對題，或僅抄錄題幹。	空白卷，或文不對題，或僅抄錄題幹。

另外，在說明中也特別提出以下三點：

1. 內容、文字均佳，但文未終篇，或一段成文者，至多B+級。
2. 內容、文字、結構均佳，但自訂題目，而與原題目相關者，至多B+級。
3. 視標點符號之使用與錯別字之多寡，斟酌扣分。

我們可以發現此處非常重視應試者是否能理解題目的要求，以及文章的完整性與可讀性，這是同學須特別留心之處。

練習是成功的不二法門。為使同學面對國寫能力測驗能更具信

心，以下分別自「知性題目」、「情意題目」兩類型進行命題，共有長文閱讀、條列陳述、圖表判讀（圖文賞析）三種命題形式，材料更含括文言材料、白話材料，讓人更能接觸多元題材。而每題包含題目、解題指引、範文與範文賞析，同學在練習過程中，一開始可先就題目進行構思，參酌解題指引與範文，熟練寫作的布局與要領，進而應要實際進行練習，將題目實際書寫，方能掌握其中的竅門。同時，可藉由自我文章的檢核，評斷自己是否已能掌握該類型的文章與命題形式，從而獲得寫作的能力與自信。

第二章

知性題目

第一節　長文閱讀類型

題目一

　　精靈寶可夢看似尋寶遊戲，其實真正的目的是不斷升等，成為大師級的神奇寶貝訓練師。這款遊戲，頗像真實人生中，人們一生汲汲營營的行為模式。從出生起，我們便開始了冒險之旅：走出家門、進入學校讀書、在各種場合與人互動、離開熟悉的生活環境，到異鄉打拼掙錢。

　　當人擁有更多學識，便擁有更多的優勢，能在真實人生的道館中與他人一戰高下。獲得了更高等級的身份與頭銜，同時也擁有更多的資源，幫助自己提升到另一個更高的境界。

　　在真實人生的尋寶遊戲中，我們也是不斷地尋求升等。

　　在Pokemon GO中，玩家得到各地去找尋捕捉寶貝的機會；還要有敏銳的第六感與觀察力，知道哪裡是精靈寶貝常出沒的地方。但往往到那裡去時，發現早有更多的人們聚集此處。人們在規劃自己的人生方向時，不也如此？所謂的熱門科系、熱門產業，大家都一窩蜂地搶。「人多」常常是生涯抉擇的指標，就像

是，到人群聚集的地方捉寶就對了！

在Pokemon GO裡，赤手空拳是抓不到寶貝的，還要有「寶貝球」才行。寶貝球分等級，捕捉不同的精靈寶貝得用不同等級的寶貝球。在現實生活裡，學習各種能與他人分出勝負的知識、學問與技術，也得有寶貝球。這寶貝球不是金錢，而是人擁有的各種心理能力。

若遊戲中的精靈寶貝代表的是真實人生裡的硬實力，那麼，寶貝球所代表的便是真實人生中的軟實力。唯有在軟實力支持下的硬實力，才能發揮得淋漓盡致。

如何獲得寶貝球？玩家都知道，補給站裡就有。而現實生活中的寶貝球，也就是這些軟實力的取得，就在每日每刻的人際關係中。與人相處，我們得以培養出決斷力、心理韌性、溝通能力，以及內省能力。

人類是群居動物，所處的社群便是最大的寶貝球補給站。因此，寶貝球的取得，也就是軟實力的培養，是取之不盡、用之不竭的，端視人是否願意投入其中。

Pokemon GO的結局是什麼？大概就是成為無敵厲害的神奇寶貝訓練師吧！在真實人生中，大家也想成為人人稱羨的人生勝利組。成為神奇寶貝訓練師很吸引人，成為人生勝利組是否也值得我們畢生追求？

——改寫自陳志恆〈精靈寶可夢外的現實人生〉

任天堂推出的手機遊戲「精靈寶可夢」將現實世界與虛擬遊戲結合，風靡一時。請根據上文，作文一篇，分析作者認為精靈寶可夢「頗像真實人生中，人們一生汲汲營營的行為模式」的理由，並檢視

自己的生命歷程中，以「人多」作為抉擇指標的經驗，反思如此抉擇的得失。

解題指引

在同等的寫作時間中，是否具備長文的閱讀與解析能力，是寫作表現的重要關鍵。

1. 因此，學生需先把梳引文旨意，整理歸納後作答。
2. 其次，針對「以人多作為抉擇指標」提出個人經驗，反思得失：人多可能是安全的選擇，卻也代表著資源與機會被稀釋。
3. 固然每個人的想法容許有所不同，但行之於文字，最好還是選擇有意義、有價值、符合大多數人觀點的評價，而不要語出驚人、標新立異；但也不要流於人云亦云，以免缺乏個人的思考與觀點。

範文

在台灣正式開放精靈寶可夢下載之前，這款採用擴增實境技術的遊戲已在全球掀起一陣熱潮。登台後，台灣亦有許多寶可夢現象產生：公園變成抓寶聖地，許多原本足不出戶的宅男開始行萬里路，流連在深夜街頭。關於精靈寶可夢的正反討論一時蠭起，卻鮮少有人探究它與現實人生的關聯。

本文作者從四個面向看到了精靈寶可夢與真實人生的關聯：首先，真實人生正像精靈寶可夢一般，人們透過尋寶探險，不斷尋求升等，以追求更高的境界。其次，玩家慣至人群聚集處捉寶，如同人們在規劃一己人生方向時，往往以「人多」作為生涯

抉擇指標的心習。再者，捕捉神奇寶貝需要寶貝球，在真實人生中要學習各種知識、學問與技術，也得先有軟實力一般的「寶貝球」——各種心理能力如決斷力、心理韌性、溝通能力、內省能力等。最後，Pokemon Go玩家的終極追求是成為人人稱羨的神奇寶貝訓練師，一如許多人的終極關懷：成為人生勝利組。

我曾在高二面臨選組時不知所措，自小雅好文藝的我見大部分同學都選填了第二類組，便跟著大家一起選擇了自然組就讀。我想，多數人的抉擇總是安全的，聽說自然組出路較廣。然而，後來我發現，迷途在化學式中的自己仍難忘情文學，苦思數理問題的成就感更遠不及搦管創作的酣暢快意。於是，經過一個暑假後，我轉到社會組就讀。如魚得水的自適讓我明白：一味從眾隨俗，不問是否適合自己，只是盲從、不願勇敢冒險之舉；走自己的路，才有可能找到適合自己的出路。

精靈寶可夢模糊了虛擬與真實世界，從遊戲看人生，也能讀出不少生命啟示。我期許自己能在現實生活中不斷鍛鍊、培養各種硬實力與軟實力，不僅成為一己人生的神奇訓練師，更能發揮所長，為成就更美好的世界貢獻棉薄之力！

範文賞析

文章首段先簡述精靈寶可夢所衍生的優缺點，正反論述並未偏廢，持論客觀、中性。並在段末切入文章主旨——與真實人生的關聯。

第二段利用「首先、其次、再者、最後」分述精靈寶可夢與真實人生相關之處。連接詞的使用可使原因的說明更清晰、有條理，也比「第一、第二、第三、第四」來得有變化，不顯板滯。此外，宜善用標點：每一點中間可使用分號或句號。

　不用出門補習，寫好國寫作文不難

第三段提出自己的經驗。採先敘後論的方式，從一己經驗帶出反思。以人多作爲生涯抉擇的指標，其優點在於可能是安全、符合世俗期待的；但若不適合自己，便是盲從、不願勇敢冒險之舉。只有走自己的路，才是最適合自己的出路。

末段回扣文旨，重述由寶可夢所得到的生命啓示，並以對一己之期許正面作結。

題目二

「科技來自於人性」，追求更便捷的生活乃是人之常理，因此科技日新月異，然人心並非如同科技般一日千里，無論過去或現代，我們心靈對於眞、善、美的需求，卻是千百年來沒改變過。

科技像一把利刃，劈開了人們種種的不方便，披荊斬棘以開拓我們便利的幸福生活，拍照便是其中最具代表性的例子。現今「拍照」的科技蓬勃發展，不僅器材上的進步，更重要的是「數位化電子圖檔」取代從前傳統的底片，使得拍照更迅速、更便捷。當一張張的紙本照片都成爲數位化照片，變成了電子圖檔，不但便利，而且更容易被保存，重複拍攝的低廉成本，以及能夠編輯得更精美的特色，都深深吸引著大眾。但在科技過度發展之後，卻也失去了拍照原本的目的——留下美好的當下。

因此，近年來各種復古底片相機或者拍立得相機蔚爲風潮，使得原本早已逐漸式微的底片又死灰復燃。這些「老派」的拍立得底片風潮之所以流行，便是因爲他一旦按下快門，拍下的瞬間不易再製、編修，無論是成功的微笑或是出糗的尷尬，都是保留最眞實沒有後製過的當下。

當全世界熱衷於各種新科技、新觀念的發明時，過去被認為守舊、落伍的各項舊科技、舊觀念卻悄悄地使人重新著迷，並且蔚為風潮。請閱讀上文，以「創新與復古」為題，論述你對文章的看法，並對創新與復古之間的關係提出自己的想法。

解題指引

　　本題為閱讀文章後，針對內容論述想法的題目，也因此要先釐清文章的意涵。在本文中，說明即使科技發達，但仍不能改變人們對於真善美的追求，也因此要能掌握住科技與人心的關係，藉以扣住題目「創新與復古」，論述出自己的想法，強調創新仍不能滿足人們對於復古的需求。

範文

創新與復古

　　人們總認為科技為生活帶來了便利，一些陳舊事物的功能已不符合現代所需，應汰換以促進社會、生活的進步，然而在不斷創新的過程中，卻也不斷出現一些雜音，認為全然地創新未能顧慮人們的心靈需求。

　　科技的「創新」與人心的「復古」之間，應是既融合又衝突的存在。如文中所述，人們對於照相需求的不滿足，促使智能相機的研發，但最後卻又回到追尋照片的溫度，希冀獲得照相時刻的美好瞬間，這恐怕是當初研發智能相機的發明者始料未及的。從馬斯洛的需求層次理論中，我們可以發現人們在生理上有了一定的水準，同時不再有安全的困擾後，自然會想要追求隸屬與

愛，這是一種人類天生需求的滿足。

　　也因此，隨著科技的發達，許多物品成為了歷史，但其另一種身分，常常更代表著一種集體記憶和一種時代的象徵。如現在許多餐廳、景點擺上昔日的物品，且特別強調復古氛圍，實乃因心靈感到不滿足，在生活的進步、事物的創新中，心的缺漏與空虛無法彌補，因此，鼓動、驅策著人們追尋著往日的美好。

　　創新與復古並非完全相悖的兩個觀念，我們應正視心靈的需求，在科技的進步與心靈的需求取得平衡，從復古中追求創新技術，從創新中保留復古精神，彼此截長補短，而非過猶不及，才能讓創新技術與復古精神相輔相成。

範文賞析

　　本文分成四段。首段先點出人們雖然喜歡科技，卻也不滿足於科技。在第二段中，說明科技的「創新」與人心的「復古」有著糾葛的關係，以馬斯洛的需求層次論，說明人們渴望愛與隸屬。第三段中，論述人們因內心的空虛，對往日的美好更加渴求，因此，以只有正視人心的需求，才能在創新與復古間獲得平衡作結。

題目三

　　嬰兒墮地，其泣也呱呱；及其老死，家人環繞，其哭也號啕。然則哭泣也者，固人之以成始成終也。其間人品之高下，以其哭泣之多寡為衡，蓋哭泣者，靈性之現象也，有一分靈性即有一分哭泣，而際遇之順逆不與焉。

　　馬與牛，終歲勤苦，食不過芻秣，與鞭策相終始，可謂辛苦矣，然不知哭泣，靈性缺也。猿猴之為物，跳擲於深林，厭飽乎

梨栗，至逸樂也，而善啼；啼者，猿猴之哭泣也。故博物家云：「猿猴，動物中性最近人者，以其有靈性也。」古詩云：「巴東三峽巫峽長，猿啼三聲斷人腸。」其感情爲何如矣！

靈性生感情，感情生哭泣。哭泣計有兩類：一爲有力類，一爲無力類。癡兒騃女，失果則啼，遺簪亦泣，此爲無力類之哭泣。城崩杞婦之哭，竹染湘妃之淚，此有力類之哭泣也。有力類之哭泣又分兩種：以哭泣爲哭泣者，其力尚弱；不以哭泣爲哭泣者，其力甚勁，其行乃彌遠也。

——摘錄自劉鶚〈老殘遊記序〉

哭泣是人類情感的本能，情緒的抒發。請仔細閱讀上述引文後，說明劉鶚對於「哭泣」的看法，並從自身經驗提出對「不以哭泣爲哭泣者，其力甚勁，其行乃彌遠」的見解。

解題指引

本題要求先說明劉鶚對於「哭泣」的看法，並從「不以哭爲哭者，其力甚勁，其行乃彌遠」的論點中，論述自己的見解或經驗，所以，要先找出〈老殘遊記序〉中，劉鶚對「哭泣」見解，接著指出他將哭泣分爲兩類。再來，點出「有力」與「無力」的分別。而劉鶚進一步闡述有力類的哭泣又可分爲兩種：一是「以哭泣爲哭泣者」，另一種則是「不以哭泣爲哭泣者」，才能擁有更強大的力量，才能有更深遠的影響。最後舉例說明「不以哭泣爲哭泣者，其力甚勁，其行乃彌遠」的見解，像「柯媽媽法案——機車強制險」、「葉媽媽的眼淚——校園霸凌防治」、「屈原寫離騷」、「司馬遷忍辱寫史記」等等都是可以舉例的題材。

範文

　　劉鶚認為哭泣是靈性的展現，感情越豐富，哭泣的現象與力道也越厲害，這樣的行為跟本身的際遇無關。所以同樣是動物，猿猴其啼聲悲戚，就是其靈性較高的展現，而牛馬之類雖然生活勞苦，卻因為靈性不高，所以沒有哭泣的行為。

　　哭泣可分為「有力」跟「無力」兩類，無力像是日常小兒為了日常瑣事哭泣，有力則是內心情感自然的抒發。由此看來，有力的哭泣與無力的哭泣最大的區別在於哭泣是否為真實情感的展現，而本身的行為是否能引起周遭他人的共鳴。

　　有力的哭泣還分為「以哭為哭」和「不以哭為哭」兩類。「以哭為哭」指的是還能以哭泣表達內心的悲傷情感，而「不以哭為哭」指內心悲痛到無法以哭泣表達，轉而使用其他的方式來陳述。歷史上的有名例子，像司馬遷遭受宮刑後，含辱發憤著述史記，完成了名留千古的巨作；劉鶚本身因為憂國憂民，心急如焚卻無能為力，因此寫下《老殘遊記》；諸葛亮在《出師表》中，雖然說「臨表涕泣，不知所云」，卻堅決北伐……。這些人雖然遭遇了難以言述的傷痛及阻撓，但並未在淚水中止步不前、自怨自艾，而是化悲憤為力量，奮發振作，希望透過自己的力量，可以些許地改變社會現況或是幫助更多與自己有著同樣經驗的人，所以劉鶚才會說：「不以哭為哭者，其力甚勁，其行乃彌遠。」這樣的道理。

　　我們常看到許多人，在經歷椎心刺骨之痛後，選擇擦乾眼淚，阻止悲劇再度發生，像最近的「小燈泡」事件，小燈泡的媽媽選擇將眼淚吞進肚子中，極力參與活動來喚起國人對犯罪事件

的省思，即使遭受非議，仍不被挫折擊倒，再次站起來向前進，這就是「不以哭泣爲哭泣」的體現，也是值得我們效法的地方。

範文賞析

　　本文分爲四段，依照題目的需求，先寫出劉鶚對「哭泣」見解：哭泣是靈性的展現，因爲有靈性才有感情，有感情才會哭泣。接著指出劉鶚將哭泣分爲兩類：一種愚昧之徒爲生活瑣事而啼號的無力類哭泣；另一種則是眞實情感抒發的有力類哭泣。

　　再來點出「有力」與「無力」的分別：哭的目的爲何？是否能引發他人情感的共鳴？而劉鶚進一步闡述有力類的哭泣又可分爲兩種：一是還能以哭泣表達情內心深層的情感或悲痛，另一種則是「不以哭爲哭」，內心的悲痛已經無法用哭泣抒發，而藉由其他方式表達的，才能擁有更強大的力量，才能有更深遠的影響，本文適切舉例佐證，讓文章更有說服力。

　　最後舉例之前發生的「小燈泡」事件中，小燈泡媽媽的決定與行動來具體說明：當能將小愛化爲大愛時，便能將深層的悲痛，化爲足以撼動人心、改變社會現況的力量，頗能切合題意且正向積極。

　　本文論述內容，符合題目要求，舉例適切，更增加文章的說服力。

題目四

　　根據網路霸凌的流行病學研究發現，網路霸凌在近十年快速發展爲各國重視的研究領域，許多研究指出它和傳統霸凌行爲有所不同。「霸凌」在傳統研究的定義中，是一種刻意傷害他人

的行為，多數研究指出它是一種力量上的不平等。而所謂網路霸凌，又稱為數位攻擊，或網路騷擾，定義為「個人或群體以數位方式，反覆且持續針對相對弱勢的當事人，進行攻擊與故意行為」。

霸凌在青少年族群的盛行率介於9~54%之間，因霸凌行為類型不同而異；而網路霸凌的盛行率則約在10~40%，視年齡與霸凌之定義而定。有研究指出青少年階段，是遭受網路霸凌的高峰時期。雖然性別與網路霸凌的關聯性尚無定論，但女性可能較男性更容易受到網路霸凌的影響，且女性涉入網路霸凌的可能性，也比涉入傳統霸凌行為的可能性還要高。2010年美國一項針對4400名青少年學生的研究發現，20%曾是網路霸凌受害者，10%同時是霸凌者與受害者；2012年英國調查顯示使用社交網站的兒童與青少年中，近20%曾遭網路霸凌。亞洲地區針對網路霸凌也有一些研究，2010年一項針對南臺灣26所高中的橫斷式調查中指出：在2992名高一學生中約有18.4%曾遭受網路霸凌；一項韓國研究則發現在主要的網路霸凌媒介中（如網路聊天室、emails、臉書等），網路遊戲情境中的霸凌行為非常常見。聊天室曾是網路霸凌主要的場所，近年則以社交網路（如臉書、LINE等）、影片分享網站（如Youtube等）為主，網路與手機文字簡訊中也有。

網路的匿名性特質，造成網友容易發表偏激、攻擊文字。2014年以來，日本警視廳統計發現，每個月都有超過150件LINE霸凌的報案電話。網路霸凌形式的多樣化是目前許多國家在研究的主題之一，而網路霸凌的發生與現今網路科技的迅速發展密切相關，加害者往往認為他們在科技運用的知識上比其他人更好，

這方面的優越感可能造成加害者與被害人之間力量上的不平等。

——摘錄自吳佳儀〈網路霸凌之身心與防治〉2015, Vol.58, No.6台灣醫界P9-11

　　網路霸凌，是校園常見的霸凌形式，有人稱它為「看不見的拳頭」，其所產生的傷害不亞於肢體的暴力行為。請根據上述引文，說明網路霸凌與傳統霸凌行為之間的不同，並從生活中的所見所聞，提出個人的評論與觀點。

解題指引

　　本題要求先說明「網路霸凌與傳統霸凌行為之間的不同」，所以先解釋「網路霸凌」何以被稱為「看不見的拳頭」，再來討論其與傳統霸凌的不同之處及其影響範圍。接著舉日常生活周遭的事件為例，說明網路霸凌對於青少年的傷害，最後以自己的見解，對於網路霸凌事件提出正向的解決之道。

範文

　　「網路霸凌」之所以被稱為「看不見的拳頭」，是因為它所造成的傷害，並不亞於肢體暴力。它和傳統霸凌最大的不同是：只要有網路，霸凌無遠弗屆。它的恐怖在於不需要接觸，卻能無孔不入，惡意消息的傳遞，可以在一指間，迅速流動。

　　文中提及「青少年階段，是遭受網路霸凌的高峰時期」的確，這個現象已經是一個校園中嚴重的問題。隨著科技興起，手機的普及率越來越高，學生幾乎是人手一機；而社群網路的發達，雖然讓人與人的溝通更為便利，卻也是助長網路霸凌的推

力。而青少年為了追求他人的認同，使用通訊軟體的比例偏高，再加上網際網路有「匿名性」及「虛擬性」的特點，所以不少使用者會認為自己不需要對在網路上的任何發言負責，進而導致言論變得更主觀、偏激及具攻擊性。

近來常見到網路霸凌的新聞，這些新聞中的被害人輕則心靈受創，嚴重的甚至出現輕生的現象。去年有一位加拿大的女學生，她在遭受同班同學於通訊軟體上數個月的謾罵後，在家中上吊自殺。而現在國高中校園中，經常可以看到很多人在臉書或是IG上，對不喜歡的人或同學大肆抨擊，甚至人身攻擊；在LINE群組中對於特定對象的「已讀不回」，讓其被孤立、被冷嘲熱諷……這些都是我們現在校園的現況，網路霸凌的力量不容小覷。

不論是傳統霸凌或是網路霸凌，歸根究柢，其實是加害者對受害者缺乏同理心，而受害者在團體中往往是處於劣勢的一群。因此，要避免網路霸凌現象，受害者要增進對於自我價值的認同，並適時抽離或遠離惡意的社交群體，懂得尋求父母、師長或外界的協助，才是最好的自保之道。

範文賞析

範文共分為四段，根據題目的要求，首先簡要說明「網路霸凌」被稱為「看不見的拳頭」的原因，是在於網路霸凌造成的大多是心理的傷害，傳統霸凌主要為肢體或言語的暴力行為，而心理的傷害相較於傳統霸凌，雖然看不見，但是受傷的程度恐怕有過之而無不及。

接著說明文章中的「研究指出青少年階段，是遭受網路霸凌的高峰時期」，根據引文的論述，原因在於科技的發達與網路匿名的特性

所致，而青少年積極尋求認同的部分，雖然文章中未提及，但是根據基本常識及自身經驗所言不無道理。

　　再來則舉日常校園生活或社會事件為例，說明網路霸凌的問題不應輕忽。最後對於如何拒絕網路霸凌提出建言。

題目五

　　臺東池上的魅力，是春耕後的田，秧苗初初抽長拔尖，是一片耀眼的新綠翠亮，像蠶絲織錦，有著纖細的光，大山是主人，而雲是慵懶的貓；是夏耘，除去稻田雜草，天上雨水落在田裡，稻禾雜草，也無孰是孰非；是秋收大片大片金黃，飽滿的稻禾使稻穗彎垂了頭，有生命完成的氣味，像一碗白米飯，踏實而滿足。

　　這如畫的文字，是作家也是畫家的蔣勳，所發自內心的讚歎。身處池上的他，好像把創作角色完全讓給眼前油綠的稻浪、日出粼粼的大坡池。花了六年的時間，他終於在池上，找到了「心的棲止木」──讓心靈短暫休息充電，重新出發的所在。

　　問問自己，你有多久沒有靠在門框上看月亮了？有多久沒有在你家門口的那棵大樹底下靠著、走一走路、乘涼，覺得樹蔭很美？

　　「閒」，是門裡有月亮，或者「閑」，是門裡有枝條樹木，當你花一點時間靠在門框上看月亮，撥點空在家門口樹下乘涼，這是一種「悠」，慢下來，當你慢下來，才會有心靈的感受，才能真正與自己的心靈產生對話。

　　但遺憾的是，台灣存在著平行宇宙：快與慢、忙與閒、都

市與鄉村，永遠沒有妥協空間。現代人大多生活在快速度的大都市，生活裡到最後只剩下這個字「忙」，其實也就是「心死亡」了。

忙、盲、茫，為什麼明明活著，心竟走向死亡？

快與慢之間，如何產生對話和休息的空間？空，應該是不塞滿，才有活動、反省、思考的品質；但心的死亡，來自於太多的快感，在口味上吃到飽、衣物上滿足、居住上要華美豪宅，塞滿了你的心靈。

其實，美，是在大家加快速度時，你慢了下來。當其他地方在追求加速觀光發展的同時，池上選擇不要電線桿的稻田，不要遊覽車的伯朗大道，不要小攤亂擠的農村，他們已經做到一種美，不是多，是少，懂得選擇。

蔣勳說，能不能給自己看月亮的時間、乘涼的空間？或給自己一片田，看驚蟄、小滿、露從今夜白？因為，只要你曾經看過月圓峽谷震撼、稻浪翻飛浩瀚，走到天涯海角都會記得，這種美，到一種極致，會成為一種救贖；在人生最沮喪、最絕望，會出來救你。

—— 節錄自高嘉鎂〈Hello！我是蔣勳〉

在這個飆速年代，若以講求速度與效率為首要目標，並不令人意外，但為何上文作者卻強調「空」與「閒」的重要性？請閱讀文章所述，並以「能閒則有趣」為題，闡發你的見解。

解題指引

以「能閒則有趣」為題，是確定式的答題寫作，因此適合破題切

入主題書寫。如同材料文章所言，「空，應該是不塞滿才有活動的品質」，故寫作主軸宜扣緊「『能』閒」、「『有』空」—意味著自己對於生活價值的抉擇與態度。

所以，建議起筆處先提出自己對於「閒」與「空」的定義為何，再敘及不讓己心因忙而導致盲與茫的各種可能方法，進而以帶有趣興的心情去體味生活點滴。

範文

能閒則有趣

由於科技與經濟高度發展，使得多數人不得不以光速般行進的節奏過生活。但與此同時，強調放慢腳步、過有意義生活的「慢活」一詞，也成為一種新的社會趨勢。

誠如蘇軾所言：「何夜無月？何處無竹？但少閒人如吾兩人者耳」，此時的他已因烏台詩案被貶至黃州四年，「閒人」固有自嘲之意；但也正因為遠離權力與是非，他才能將向外奔馳的思緒，拉回省視自身並細膩感受周遭，進而臻至文學創作的高原期。又如躬耕終南山下的陶淵明，之所以能怡然自得，恰如其詩句所述：「結廬在人境，而無車馬喧。問君何能爾？心遠地自偏。」故知，所謂「空閒」一詞是指：藉由減少、放緩，鬆動了原本處於高壓緊張下的生命情態，進而打開被物質填塞的封閉生活，思路與心靈因此而暢通且靈動。換言之，唯有閒置自己向外追逐奔馳的心，才可能打開心眼，與身旁萬物共舞，而不致於忙、盲、茫。

只不過，一般人易將「休閒」誤解為一種消費的生活型態，於是，連續假期只見觀光景點的排隊人潮。對此，德國哲學家

漢娜‧鄂蘭就曾對此提出批判：當人的生活只以維生為主要目的時，他的空餘時間就只會花在消費上，其欲望也就更強烈、更精緻，使得消費不再限於必需品；而這恰恰使人無視於身邊就能觸發幸福反應的微小事物。於是想想，究竟有多久沒抬頭看看月亮或向內問問自己的心？

　　事實上，「有空」或「空閒」一詞，意味著自我的選擇與安排──不被具體的物或欲所占據的自由。誠如張潮《幽夢影》：「能閒世人之所忙者，方能忙世人之所閒」之語，所謂「『能閒』世人所忙」便彰顯了一種生活價值的抉擇。唯有自覺於此，方能身處網路飆速的社會而不致失速──不至於「忙」到連心都弄丟了；也唯有此自覺，方能超然於物外，進而獲得生活之樂趣與品味。

範文賞析

　　文章開始便直指現今社會步調忙碌且快節奏的普遍現象，旋即引出「慢活」新趨勢作為對比，及後續反思的切入點。文字明快、不拖泥帶水。

　　第二段以蘇軾、陶淵明的生命歷境為例，敘及二人在政途不順遂、人生不愜意的景況下，所悟得的生命哲理，並通過他們的作品，進一步將讀者帶入思索本題的要旨：「得空」、「能閒」則「有趣」的意涵。文字平順，卻發人深省。

　　第三段轉而澄清一般人對「休閒等於消費」的誤解，並以德國哲學家漢娜‧鄂蘭的批判予以印證。若仔細琢磨，看似平易簡潔的論述，實則展現了對問題的理解能力，可謂饒富意味，值得咀嚼再三。

最後以張潮《幽夢影》的觀點作結，收束自然、無造作，既能與資料文章「撥點空」、「慢下來」的內容相呼應，又能回扣本題之「能『閒』則有『趣』」的意旨。

題目六

哲學家說「把握此刻」意味著：我們必須把自己的希望限制在此生能夠達到的事情上，同時總是注意到這個事實——壽命長度是沒有保證。因此，「要把每一天當成『可能是』你的最後一天來過日子。不過，這一天也可能只是你短促人生中的又一天而已。」

換句話說，我們在人生中所珍視的一切——人際關係、創意、學習、美感體驗、食、色、旅行——號召大家「把握今天」，就是號召大家在還能做到的時候去欣賞這些事物，而不要沒完沒了的拖延。「及時行樂」的真正精神所在，不是陷入恐慌、然後試圖在此刻體驗每件事，只要確定每天都過得值得好了。故知，「及時行樂」一語的真理之核，在於「經驗」和「當下片刻」具有至高的價值，應該好好珍惜。

看看英國慈善家巴納德博士的故事。

他於一八七○年在倫敦成立第一個貧困兒童收容之家，並親自走訪貧民區，找尋需要幫助的赤貧孩童。

有一天，收容所留置的員額滿了，巴納德拒絕了一名十一歲大的男孩，然而數天後，小男孩被發現因長期曝曬和缺乏食物而導致衰竭身亡。

巴納德在聽聞消息後，十分懊惱自責，他不斷的對自己說

「下不爲例！下不爲例！」此後，巴納德在收容所門外的顯眼處立了一個牌子—「永不拒收貧困兒童」。

巴納德在一九○五年離世時，已開了九十六間收容之家，照顧了超過八千五百名孩童。

巴納德把自己的人生奉獻給美好的目標，他關注的顯然不只是今天，還有許多即將來臨的明天，包括他自己死後的歲歲年年。

雖然如此，巴納德卻體現了「及時行樂」的精神。「下不爲例」成爲驅策他的動力，並反映了這樣的信念：直到行有餘力才幫助他人，這樣還不夠好；如果他們今天需要幫助，今天就必須伸出援手，否則就沒有用了。巴納德以雙手把握今天，讓其他人有機會自己「把握今天」。

相對於此，凡倡言「活在當下並享受生命，試著不要擔心明天，試著讓昨天隨風而逝」，而渴求更多感官樂趣滿足的「及時行樂」的想法，是錯誤的；總是把時間花在攫取一出手已開始消逝的片刻時光，智慧就要變成愚行了。

——節選自朱立安・巴吉尼（Julian Baggini）著作《我們爲什麼要活著？尋找生命意義的11堂哲學必修課》第八章〈及時行樂〉，城邦文化事業股份有限公司出版

人的壽命長度從來都沒有任何保證，故《古詩十九首》寫道「生年不滿百，常懷千歲憂」、「爲樂當及時，何能待來茲」，但爲何上文卻說：「把握今天」，關注的顯然不只是今天？請綜合各段材料之主旨，並以「『活在當下』的智慧」爲題，闡述你的見解。

　　以「『活在當下』的智慧」為題，是確定式的讀寫題型，故寫作者要先能掌握資料文章所謂「把握今天」或「及時行樂」的意涵是指：不虛度浪擲生命，更要能讓自己的作為對他人產生正向意義。

　　因此，可用論證筆法針對同樣面對生命長度之不可掌握的兩種人生態度，進行說明：一是，毫無節制，渴求更多的感官樂趣滿足；只顧眼前享樂，沒有深刻感受的愚蠢行為。二是，將「及時行『樂』」，從一己的感官物質之樂拓展至與人共樂的精神層次的做法；為他人做出貢獻，尋獲自身生命意義，才是「活在當下」的智慧。換言之，在有限的生命長度裡，時間不需花在如何增加生命經驗的數量，而是應該思考哪些舉動可以幫助自己建構更圓滿的整體生命。

範文

活在當下的智慧

　　「唯有當下，而非永遠或從未之間。……我們唯有，此生。」這是作者對生命有限的描述，也是在面對逐漸老去的自己與臥病在床的妻子時，所湧現的感慨與領悟。

　　「以為的日常，原來是無常」，五月天唱出了對生命消逝總令人措手不及的慨嘆。正因為無常與未知，才使日常生活不免有著徬徨與不安，因此，不時耳聞「及時行樂」或「活在當下」的論點。畢竟，活在過去，我們可能只在悲傷和懊悔中徘徊；幻想未來，我們也許只在恐懼和期望中逡巡。但是別忘了，我們雖無法掌握生命的長度，卻可以拓延其深度與廣度。因為，生命的不

可逆性始終警醒著我們：所謂「把握當下」，就是在有限度的人生歲月中，彰顯出自己的存在意義。

　　那麼，該如何回應這個大哉問呢？目前的我，尚未通透「人生在世不稱意，明朝散髮弄扁舟」的豁達抉擇，也未能擁有「白髮漁樵江渚上，慣看秋月春風」的長者智慧，但卻十分清楚，朋友，是我得以喜樂活在現在的重要因素。於是，與其獨自在書海中漂流，我願和朋友一同知識漫遊；與其在賽程中獨得榮耀，我願和朋友共啜輸球淚水。回憶往昔，不論是最開懷純真的大笑、最真摯感傷的眼淚或最憤怒的咆哮，每一段值得註記的人生片刻，都是和朋友一同分享而來。然而，朋友並不只豐富了我的感性生活，更能在我不自覺驕矜時，拉住那份蕩佚的自傲，並相互砥礪與支持著彼此的理想；人生不同時刻的酸甜苦辣，都因此而真實且深刻。可見，能與他人一同分享，才是活在當下的智慧。

　　換句話說，「活在當下」並非在有限生命裡積極地追求生命經驗的數量多寡，而是要能用心感受每段經歷所蘊涵的生命質量為何。那麼，「即時行樂」亦非虛擲時光用以追逐個人感官享樂，就顯而易見了。我認為，就像被貶謫至滁州的醉翁，選擇將苦悶抑鬱消融於山水景色中，並能設宴與民共樂；能將眼光從個人移開進而拓展至關懷他人、與人共享的做法，反而更能體現「及時『行樂』」的深層意義吧！

範文賞析

　　篇首先以自身閱讀內容所透顯的人生體悟切入，視角獨特且文字富感染力，使得整篇文章的寫作方向得以定調。

繼而討論「活在當下」、「即時行樂」的深刻意涵，並提出本文的中心論點：活著，不該只憂慮生命的長短，而是該思考如何能展延生命的深度與豐富。可謂構思方向準確，表達精簡流暢。

第三段以懸問句起始，敘寫自己作為學生的經歷有限，雖然無法臻至長者智慧之境，卻在成長過程中逐步領略到：能用心感受和摯友共享的日常點滴，在當下堅定自己步伐，就是活出精彩的關鍵因素。本段所選材料，能引起高中學生的普遍共鳴，且作者能審視自己當下的情境，可謂立意深刻且積極。

最後，提出「生命質量」比「經驗數量」更為重要的結論，並以被貶滁州仍積極活在當下的歐陽脩為例，他努力工作也遊山玩水，且和朋友、鄉民一同分享其喜樂之情與關愛之心，既體現活在當下的智慧，也呼應上文「朋友」的重要性。文章條理清晰，敘寫內容能緊扣主題並完整呈現。

第二節　條列陳述類型

題目七

一、西點軍校的成功密碼——遵守規則紀律

　　西點軍校用無條件的服從，塑造了堅決維護規則紀律的鐵血將軍，鐵血將軍又用鐵的紀律打造了所向披靡的軍隊。例如學長問新生：「你的皮鞋這樣算擦完了嗎？」，新生即使想辯解，但只被允許回答：「報告長官，不是。」雖然看起來不合理，但目的都是鍛鍊學生的規則意識。

　　鐵血將軍塞加尼說：「當今社會遵守紀律和規則，不僅代

表一個人的素質，更代表一個國家的形象。世界上沒有絕對的自由，我們生活中處處都有要遵守的規則，遵守他們就像是足球員遵守比賽規則一樣，一旦犯規，輕者黃牌，重者紅牌。」生活中，守時、守信也都是一種原始的規則，當一個人具有服從及尊重規則的意識，才會使人有責任感及互相尊重，使社會運作更和諧。

二、勇於挑戰傳統規則的伽利略

　　古希臘哲學家亞里斯多德所提出的「自由落體」的學說：一個十磅重的物體，下墜的速度會比一磅重的物體快十倍。這個學說在十六世紀時深具權威，而且人人也都相信以亞里斯多德的智慧是不可能犯錯的。但伽利略發現了這個理論錯了，他決定用公開實驗的方式來印證他的發現。

　　他在比薩斜塔把一對大小不等的重物自由落下。「砰！」的一聲，重一磅和重十磅的鐵球同時接觸到地面，實驗證明被羅馬教會推崇的亞里斯多德理論竟然出現了錯誤，當時造成了不少騷動，但是沒有人給予伽利略掌聲，因為當時封閉的羅馬教會並不承認。

　　在羅馬教會的權威規則下，人人深信不疑的「地球中心說」，又再一次的被伽利略用改良望遠鏡挑戰了。伽利略證明了哥白尼「太陽中心說」，就被押到羅馬宗教法庭總部，並被指控「反對教皇、宣傳異端」的罪名。

　　創新必然挑戰固有的秩序和規則，如果你沒有挑戰規則和秩序的勇氣，那麼規則權威的巨人將把你踩在腳下。

── （改寫自《西點軍校的成功祕訣》）

「不以規矩，不能成方圓」，為了維持社會及團體運作，必然出現規則與紀律。但若一味遵守崇信紀律，又容易流於墨守成規。遵從規則與挑戰規則之間，存在著兩種不同的立場，請閱讀完上面二則短文，以「規則」為題，發表你的看法。

解題指引
1. 根據文章寫出遵守規則與挑戰規則的優劣。
2. 引用生活經驗或典故，進而闡明出題旨。
3. 能夠比較「遵守」與「挑戰」，並且發表自己的看法。

範文

　　生活中規則無所不在，運動球員必須遵守比賽規則，學生必須遵守校規，出社會必須遵從法律，就連日常生活中的各種習俗都有所謂的「潛規則」。沒有規矩，不成方圓，「規則意識」是現代社會人必須具備的一種意識，因為它是維持社會正常運作的準則，它傳達的意義不僅是限制，同時也是保護每個人的自由。

　　規則必須存在，而且必須被遵守。我們應該重視規則並且遵守它，團體中依賴規則指導著每個人，且也藉此保障大部分人的權利。因此我們必須重視它，因為規則若沒有被遵守，那與一只空殼無異。若沒有人遵守交通規則，那麼行人、汽機車不清楚自己的權利與限制，馬路上肯定與原始叢林沒什麼兩樣。

　　遵守規則是必須的，但如果只有「遵守」規則，拘泥於形式與規則，而不反思規則，那麼我們將錯失許多東西。適當運用規則，堅定執行並且靈活運用，才是貫徹規則的正確方法。籃球比賽中經常運用的「犯規戰術」便是最好的例子，籃球規則原本是

限制球員的過度行爲，避免傷害他人。但是聰明人卻能反過來利用「犯規」來爭取更多時間或者打斷對方的攻勢，就是靈活運用規則的最佳例子。

　　比起遵守規則，找出不合理的規則，並且打破它，建立新的規則，這需要更大的勇氣。規則是人創造的，但打破規則更是另一種創造，有時反而會開創出新的局面。知名繪畫家畢卡索便是如此，窮極一生打破我們對畫畫必須「畫得像」的規則印象，利用「多視角畫法」，將畫像拆解成各種幾何圖形，反而創造了一種新的畫風，奠定其畫壇地位。

　　衝動的人批評規則，安分的人遵守規則，勇者打破規則，智者制定規則。規則其實是秩序與紀律的展現，尊重規則是必須的，但是不應一味盲從，應該把握規則的內涵，活用規則，並且打破不合理的規則，才是面對規則的正確態度。

範文賞析

　　本文分析兩則材料，並進行歸納、分析與評論，進而分別從「遵守規則」與「挑戰規則」兩種不同立場談其優劣，以生活中的例子，發表自己的看法。文章開頭先點出規則無所不在，並說明其重要，第二、三段則論述規則的價值，鼓勵人們反思規則的意義，第四段則從另一立場陳述規則未必一定合宜，並以妥善的活用規則才是正確之道作結，全文夾敘夾議，說理明確。

題目八

一、農業科技發展——綠色革命

二十世紀後，全球人口增加，為了解決糧食供應不足的問題，歐美國家致力於農業技術的發展，除了殺蟲劑、除草劑、各式化學肥料的研製之外，科學家也集合生物科技以提高農作物對環境的適應性，並擴大農業區位的分布，其中對糧食增產最具成效的即為「綠色革命」（green revolution）。

綠色革命是指培育高產量且抗病蟲害的「高產能快熟新品種（High Yielding Varieties, HYV）」包括稻米與小麥，除了引進人口眾多糧食嚴重短缺的開發中國家外，同時配合化學肥料和藥劑控制害蟲、雜草，再結合現代化的灌溉設備，以增加農業生產量。為了方便管理耕作、新品種的普及也促使農業景觀趨於單一化，以更有利於機械化的收成。

快熟新品種糧食作物的發展，在加拿大和美國有不錯的成效。加拿大位於溫帶高緯度地區，原生麥種不但結穗量少，且僅能一穫，但透過快熟新品種的栽植後，得以突破氣候上的限制，成為世界上重要的穀物出口國；美國在玉米品種和栽植上也下了不賞功夫，玉米的產量提升後，不但以此做為飼料的混合農業可以順利發展，同時也有多餘的玉米成為食品工業、生質能源的原料。

二、生態農業

二次大戰後，為了緩和人口快速成長所帶來的糧食需求壓力，化學肥料栽植、基因改造工程便日益普及，儘管糧食增加的

成效顯著，卻也帶來了許多的負面影響，例如大規模集約化的耕作將使表土流失、土地退化，農業生產力衰退；化學肥料、農藥以及殺蟲劑的大量使用，也將使土壤、水源、空氣受到汙染，更威脅生態環境和人體健康；單一特定作物的持續種植，也會使得生物多樣性的降低。為了保護農業的生產資源，維持糧食生產的穩定性和永續性，生態農業是目前全球刻不容緩的發展方向。生態農業主張排除化學合成物質的使用，強調利用生態系統管理的方式，以保護自然生態，除了可以節約能源、保障水土和土壤肥力之外，也可以提供消費者健康及安全的農產品。

　　生態農業不只是在生產期間不使用農藥和化肥，而且在儲藏和運銷過程也不使用防腐劑。因此生態農業貯藏期短，且消費者分散。這是生態農業經營上的一大困難。歐洲的生態農業售價的提高，有一大部分是在補償行銷過程中農產品的損失，以及產銷障礙所導致的營運成本。因此若要保障農業勞動者的獲利，首先就必須要從行銷模式的改善下手。

　　——摘錄自楊中介《新聞地理—完全看懂時事的20堂地理
　　　　課》，遠足文化事業股份有限公司

　　日新月異的現今社會，已有許多的變革，讓人們的生活發生了巨大的改變，請閱讀上述兩則材料，以「現代農業的省思」為題，寫作一篇文章，客觀論述正反意見，並提供具體建議或結論。

解題指引

　　本題提供兩則農業發展的形式，讓寫作者辨析其優劣，並依其所述，提出自己的看法，因此寫作者必須要能深思文章中隱含的問題，

進而提出自己的論點，說服他人。文章佈局上可分成：

1. 論述農業對人類社會的重要性，及目前所面臨的糧食問題。
2. 比較說明綠色革命和生態農業的差異性、兩者的優缺點和對環境造成的後續影響。
3. 總結以上材料，提出自己的論點，在經濟與環境兩方面該如何兼顧，才能永續發展。

範文

現代農業的省思

民以食為天，現今世界上糧食供應不足的問題嚴重，許多國家重視農業技術，紛紛進行改良研究，除了我們所熟知的使用殺蟲劑、化學肥料等方法，科學家也進行生物科技研究，提高農作物對環境的適應性。

「綠色革命」便是其中一項，主要是培育高產量且抗病蟲害的新品種。加拿大和美國透過快熟新品種的栽植，突破氣候上的限制，成為世界上重要的穀物出口國。除了這些先進國家之外，新品種也進入開發中國家，使用耐蟲害、抗乾旱的新品種，同時配合藥劑控制害蟲、雜草，結合現代化的灌溉設備，以增加農業生產量。為了方便管理耕作、新品種的普及也促使農業景觀趨於單一化，更有利於機械化的收成。

然而，農業改良雖然讓糧食增加的成效顯著，卻也帶來了許多的負面影響，例如大規模集約化的耕作，讓土壤流失，土地生產力衰退；化學肥料、農藥以及殺蟲劑的大量使用，也使土壤、水源、空氣受到汙染，更威脅到生態環境和人體健康。大規模單一特定作物的持續種植，也威脅到生物多樣性的維持，反而造成

不用出門補習，寫好國寫作文不難

生物滅絕的災難。南美洲大規模焚燒雨林，種植經濟作物的後果，更是讓地球損失了許多稀有且未可知的生物資源。

為了保護農業的生產資源，有人開始提倡生態農業，生態農業主張排除化學合成物質的使用，強調利用生態系統管理的方式，以保護自然生態。除了可以節約能源、保障水土和土壤肥力之外，也可以提供消費者健康及安全的農產品。生態農業雖可以維持糧食生產的穩定性和永續性，但是生產過程不使用化肥農藥，運輸過程不用防腐劑的做法，將會造成成本高漲，在市場上缺乏競爭力。

兩種農業方式各有利弊，需要人們重新審視自我的需求，在經濟與環境兩者間，取得一個兩全的作法。

範文賞析

範文分五段，以起、承、轉、合進行布局。開頭先破題，點出糧食不足是目前人類的重大問題，進而列舉為了解決糧食問題，所進行的農業改良方法，並舉例說明這些農業技術的改良，改善了糧食不足的問題，但同時也傷害了環境，造成更多隱憂。轉而提出生態農業的方式，說明生態農業能夠維持環境永續的優點，惟生產成本太高，在市場上缺乏競爭力，點出生態農業難以普及的原因。最後結論要提出自己的見解，強調兩種農業方式各有利弊，其後續影響值得人們深思。

寫作方法，要正反並陳，說明兩種農業方式的利弊影響，結論不一定是孰優孰劣，而是要指出兩項農業方式所帶來的優勢與缺失，該如何兼顧經濟與環境，可以提出自己的見解。

另外，可以在平時多關心、記錄重要時事，多蒐集材料，並養成習慣，對這些材料簡單記錄自己的感想，在寫作的時候，便能快速提出自己的論點，讓寫作更加順利。

題目九

一、

作家錢鍾書曾說：

　　中文裡的快活或快樂的「快」字，就把人生一切樂事的飄瞥難留，極清楚地指示出來。快樂在人生裡，好比引誘小孩子吃藥的方糖，幾分鐘或者幾天的快樂賺我們活了一世，忍受著許多痛苦。我們希望它來，希望它留，希望它再來——這三句話概括了整個人類努力的歷史。在我們追求和等候的時候，生命又不知不覺地偷度過去。這樣說來，人生雖痛苦，卻不悲觀，因為它終抱著快樂的希望；現在的帳，我們預支了將來去付。

　　穆勒曾把「痛苦的蘇格拉底」和「快樂的豬」比較。假使豬真知道快活，那麼豬和蘇格拉底也相去無幾了。豬是否能快樂得像人，我們不知道；但是人會容易滿足得像豬，我們是常看見的。把快樂分肉體的和精神的兩種，這是最糊塗的分析。一切快樂的享受都屬於精神的，儘管快樂的原因是肉體上的物質刺激。

　　若能發現精神是一切快樂的根據，從此痛苦失掉它們的可怕，肉體減少了專制。精神的鍊金術能使肉體痛苦都變成快樂的資料。於是，一簞食，一瓢飲，有不改其樂的人；千災百毒，有談笑自若的人。所以我們說，人生雖不快樂，而仍能樂觀。

——節錄自錢鍾書〈論快樂〉

二、

若從字面上來看，快樂的「樂」，通常用來表達心理經驗的快樂情緒，有時也會用喜、悅、愛、好、歡、欣、興，以及滿意、得意、愉快等詞彙來指稱。可見，「樂」概括了多種的正面情緒；「樂」在人類的情感經驗結構中，是重要的。

然而，反觀現實生活，卻不乏見到這樣的例子：譬如馬拉松選手接受嚴格訓練，挑戰極地、橫越沙漠，其中的刻苦艱辛並非常人能忍；又譬如縮衣節食卻捐款助人的善心人士，難道會不清楚金錢可以擁有更多的物質需求？但，為什麼他們願意承受痛苦、忍受孤寂或犧牲娛樂與物質享受，而不選擇當下或眼前的歡愉？

臺灣目前流行的「小確幸」一詞，意指微小而確定的幸福感，但多數人卻忽略了日本作家村上春樹「小確幸」的原意，是要以努力的付出為前提。請綜合文章所述，並以「人生，樂？不樂？」為題，闡述你的見解。

解題指引

本題為思考性的讀寫題目，標目「樂？不樂？」意味正反二面皆需予以說明。因此，面對這類題型，必須先選定寫作主軸為何，並以反襯法申述另一面；輔以自我經驗為例，則更為具體。

故篇首起筆可從對比「痛苦的蘇格拉底」和「快樂的豬」切入，敘寫人生之樂與不樂的情境，進而說明自己對此人生問題的抉擇為何。其中，有幾點可注意：

1. 為何面對同樣情境，有人「苦不堪言」、有人則「不以為苦」？

關鍵應在樂觀精神的具備與否。

2. 雖不必區分「肉體／精神」兩種「樂」，但能不惑於「眼前」之樂，而選擇「未來」之樂者，才是著眼於精神涵養之人。

3. 能在不樂的情境中，體味出生命之樂，此「樂」才具深刻意義。

範文

人生，樂？不樂？

　　凡是人都喜歡開心快樂，即便方式或類型不同；孟子卻説：「生於憂患，死於安樂」，似乎提醒著我們要與安逸享樂保持一定的距離。再對照現實生活中，常聽到「苦中作『樂』」或「樂活」人生的論調，那我們又應該如何思索羅曼・羅蘭「通過痛苦，得到快樂」這句話呢？

　　我認爲：人生之所以能「樂」，是秉著「苦盡甘來」的信念，故能忽視眼前的辛苦。換言之，目前的我，之所以願意忍受孤寂、磨難及外在條件對身心帶來的諸多考驗，只因爲我確信：即便過程中耗費心神與血淚，但我終將像破繭而出的蛹，因而更能強化自己的精神韌性。這種正向積極的精神，如灰暗城牆上所透出的一絲光明；如窒息牢籠內能露出的一線生機。若秉此信念，必能尋獲快樂的源頭，進而享受每個稍縱而逝的當下。

　　從另一個角度來看，「樂」亦與懂得「知足常樂」相關。因爲，不難見到一些人的心靈被物質所困縛，他們總以爲藉著消費行爲便能獲得快樂或擁有滿足，未料只換來無止盡追求後的空虛與失落。又或者有些人，總以爲用盡心機、巧取豪奪來的利益與權位，就是嚐到成功滋味的唯一手段。殊不知，這些人早被貪嗔痴妄，遮蔽了想獲致快樂或與人同樂的初心，在過程中不但丟失

了純真的性情，也錯失了陪伴親友的美好時光。

關於人生的「樂」或「不樂」？端視你如何選擇看待事物的角度與心境。如同亞里斯多德所說：「重要的是選擇生活，足以展現人類最獨特的能力，而不是活得像動物或把人類當動物而已。」因此，有人能如顏淵之「以道樂身」而不憂生活之清貧，亦有人選擇刻苦操練，從超越自身體能極限來肯定自我；他們正是掌握了「精神鍊金術」，能從一般人眼中「苦不堪言」的情況中，提鍊出精神喜悅與正向樂觀。

如此看來，樂或不樂？不在方寸之外，唯問己心！

範文賞析

文章起筆「凡是人都喜歡開心快樂」一句，便先從普遍大眾心理切入，畢竟吃苦不是人人都想要的，但旋即作者卻導入「苦中作樂」及「通過痛苦，得到快樂」加以對比，而不立即給予解答，目的在透過激問筆調，讓讀者認真面對與思索。

續承首段「苦」的概念，轉為說明「苦盡甘來」屬於「樂」的思維方式，又以破繭而出的蛹為例證，帶出歷經苦痛必能增強韌性，而得致感受深刻之樂，此處的層遞筆觸，確實吸引讀者產生一探究竟的興致。

中段再以「知足常樂」為主軸，說明藉由物質、權力而得的世俗之樂並非真樂，並能以「莫忘初衷」作為檢視尺度，可謂新意跌宕層出。

結尾回扣題目「樂？不樂？」的論述，能與首段相呼應，尤其最後神來一筆，揭示本題「樂？不樂？」的選擇唯在「己心」，有如「豹尾」般的簡潔有力，可謂強化了論說脈絡的力度。

題目十

一、

　　處治世宜方，處亂世宜圓，處叔季之世，當方圓並用；待善人宜寬，待惡人宜嚴，待庸眾之人，當寬嚴互存。

　　處世不宜與俗同，亦不宜與俗異；作事不宜令人厭，亦不宜令人喜。

　　立身不高一步立，如塵裏振衣，泥中濯足，如何超達；處世不退一步處，如飛蛾投燭，羝羊觸藩，如何安樂。

── 摘錄自洪應明《菜根譚》

二、

　　人世間真是難處的地方，說一個人「不通世故」，固然不是好話，但說他「深於世故」也不是好話。「世故」似乎也像「革命之不可不革，而亦不可太革」一樣，不可不通，而亦不可太通的。

　　年長者常常勸勉青年人：「如果你遇見社會上有不平事，萬不可挺身而出，講公道話，否則，事情倒會移到你頭上來，即使明知道他是好人，也萬不可挺身而出，否則，你就會被人說是他的親戚，或得了他的賄路。所以，你最好是莫問是非曲直，一味附和著大家；但更好是不開口；而在更好之上的是連臉上也不顯出心裡的是非的模樣來……」

　　這是處世法的精義，只要黃河不流到腳下，炸彈不落在身邊，可以保管一世沒有挫折的，這也是一種世故的表現。我的話裡，一面固然顯示著狡猾，而且無能，但一面也顯示著社會的黑

不用出門補習，寫好國寫作文不難

暗，這是中國處世法的精義中的精義。

　　不過凡事一說，即落言筌[1]，不再能得三昧[2]。說「世故三昧」者，即非「世故三昧」。三昧真諦，在不言；我現在一說「不言」，卻又失了真諦，離三昧境蓋益遠矣。

——摘錄自魯迅〈世故三昧〉

1　言語的跡象。
2　佛家語，泛指事物的精義。

　　以和為貴一直是中國文化的處世精神，然而過與不及皆會產生弊病，閱讀上篇文章後，請以「圓融與世故」為題，論述兩種處世態度的異同及自己的觀點。

解題指引

　　本題引《菜根譚》中關於為人處世之法的篇章，以及魯迅對於世故的看法，來論述「圓融與世故」的同與異，進而提出自己的看法。寫作時需能夠根據文章寫出「圓融」與「世故」的定義，並直指出其異同，同時要能將其進行比較，提出自己的看法。

範文

圓融與世故

　　「謙光受益，和氣致祥。」自古以來，我們待人接物都講求以和為貴，凡事講求處事圓融，但有時過度以和為貴，便成了世故，似乎又給人不誠懇的感受。

　　「圓融」本為佛教語，意思是破除偏執，圓滿融通。所謂的

「處世圓融」，本意上來說，就是處理一件事情的時候，不做過度激進的決定，偏頗某方立場，儘量能讓大家滿意，並且自己也不吃虧。《菜根譚》：「處世不宜與俗同，亦不宜與俗異；作事不宜令人厭，亦不宜令人喜。」大抵說的就是如此。而「世故」字面上的意思是熟習世俗的人情經驗、習慣，並且做出圓滑不得罪人的進退應對。兩者在概念上很接近，但我認為兩者本質上有許多差異。

世故與圓融相異在於圓融並非圓滑，而是「外圓內方」；世故則是過度的圓滑。「方圓之道」為中國的處世原則，「處治世宜方，處亂世宜圓，處叔季之世，當方圓並用」，「圓」是指對話態度圓融，「方」則是指內心的道德行事標準。因此，圓融之人，處世行為不會過度迎合別人或表現冷漠，亦不會使自己感到憤恨不平或委屈。世故則異，世故之人因為沒有處世的準則與道德，因此容易產生逢迎附和他人的情況，乍看是以和為貴的智慧，其實根本沒有自己主見，魯迅先生便認為這是一種狡猾，而且無能的表現，因此說一個人「不通世故」，固然不是好話，但說他「深於世故」也不是好話。

「君子和而不同，小人同而不和。」與人相處，應擇善固執於圓融的「方圓之道」，應對可以和氣，但也必須有自己的原則。

範文賞析

本文以諺語展開全文，先點出「以和為貴」與「世故」的難以拿捏，進以解說出「圓融」的意涵，以引文中《菜根譚》所述作為印

證，並與「世故」一詞進行對比。在第三段點出圓融與世故的相異之處，並進行釐清，舉例藉以說明，同時解釋引文中魯迅所言的意涵，最後以「君子和而不同，小人同而不和。」作結，說明做人應圓融，但也要有自己的原則。本文論理層層鋪陳，先點出問題，進而分段解釋自己的主張，最後總結意見，論述并然。

題目十一

一、

　　王黃門兄弟三人俱詣謝公，子猷、子重多說俗事，子敬寒溫而已。既出，坐客問謝公：「向三賢孰愈？」謝公曰：「小者最勝。」客曰：「何似知之？」謝公曰：「吉人之辭寡，躁人之辭多。推此知之。」

　　　　　　　　　　　　　　　——摘錄自劉義慶《世說新語》

二、

　　聖經賢傳都教我們少說話，怕的是惹禍，你記得金人銘開頭就是「古之慎言人也。戒之哉！戒之哉！無多言！多言多敗。」豈不森森然有點可怕的樣子。再說，多言即使不惹禍，也不過顛倒是非，決非好事。所以孔子稱「仁者，其言也訒」，又說「惡夫佞者」。蘇秦張儀之流以及後世小說裡所謂「掉三寸不爛之舌」的辯士，在正統派看來，也許比佞者更下一等。所以「沉默寡言」「寡言笑」，簡直就成了我們的美德。

　　聖賢的話自然有道理，但也不可一概而論。假如你身居高位，一個字一句話都可影響大局，那自然以少說話，多點頭為

是。至於我們這些平人，在訪問，見客，聚會的時候，若只是死心眼兒，一個勁兒少說話，雖合於聖賢之道，卻未見得就順非聖賢人的眼。要是熟人，處得久了，彼此心照，倒也可以原諒的；要是生人或半生半熟的人，那就有種種看法。他也許覺得你神秘，彷彿天上眨眼的星星；也許覺得你老實，所謂「仁者其言也訒」；也許覺得你懶，不願意賣力氣；也許覺得你屬害，專等著別人的話；也許覺得你冷淡，不容易親近；也許覺得你驕傲，看不起他，甚至討厭他。這麼著，他對你當然敬而遠之，或不敬而遠之。若是你真如他所想，那倒是「求仁得仁」；若是不然，就未免有點冤哉枉也。但是女人少說話，卻當別論；因為一般女人總比男人害臊，一害臊自然說不出什麼了。再說，傳統的壓迫也太屬害；你想男人好說話，還不算好男人，女人好說話還了得！（王熙鳳算是會說話的，可是在《紅樓夢》里，她並不算是個好女人）可是——現在若有會說話的女人，特別是壓倒男人的會說話的女人，恭維的人就一定多；因為西方動的文明已經取東方靜的文明而代之，「沉默寡言」雖有時還用得著，但是究竟不如「議論風生」的難能可貴了。

——摘錄改寫自朱自清〈說話〉

　　說話是一門高深的藝術，以上兩則材料，對於「說話」有其不同的見解。請仔細閱讀之後，說明此二則材料對於「說話」的異同，並從自身經驗說明自己的想法。

解題指引

　　本題要求先說明上述引文中，對於「說話」見解的異同，所以要先說明相同之處：「吉人之辭寡」說明「少說話」是一種美德；接著說明相異之處：世說新語中認為「躁人之辭多」，話多是個性急躁的表現。但是朱自清認為在現代的社交場合中，寡言對於人際關係有所妨害，甚至在西方風氣的影響之下，「善於說話」已經成為一種美德。接著舉例說明自己是否認同兩則引文的說法，是認同世說中的「吉人之辭寡，躁人之辭多」的論點，還是認同「議論風聲」之可貴，或者提出其他不同兩者的見解，最後提出自己對於「說話」的見解或想法作結。

範文

　　《世說新語》說：「吉人之辭寡，躁人之辭多。」在老莊思想盛行的魏晉時期，讀書人的言談風潮傾向微言大義，在簡短的幾句話中蘊含高深的人生哲理，成為仕紳們追求的目標，所以寡言成為了一種美德。同樣的，朱自清也認為當身處高位之時，為了避免禍從口出，影響整體大局，必須謹言慎行，修身養性。所以，寡言是一種明智的抉擇。

　　然而，有很多時候，說卻比不說來得更好，朱自清先生認為當我們並不是大權在握的重要高官，而只是個平凡人時，與同事及朋友間的言語溝通不可少。多說話能幫助我們跟他人交流，同時互相了解。如果缺乏溝通，小至不相往來，大至產生嫌隙都在所難免。古時偏愛沉默寡言的風氣，在現在這個人與人頻繁交流的社會，顯然已有些不合時宜。

希臘三哲人之首蘇格拉底說：「我是不愛說話的，說得過多會暴露自己的無知。」但這並不表示我們可以閉口不言，人活在社會之中，就不能避免與別人交談。說話時，在話中過度修飾固然不可取，然而毫無修飾也令聽者覺得枯燥乏味。如何在兩者之中拿捏分寸，並同時不忘說得少、說得好的原則，才正是說話藝術的精華所在。

　　所以，說話不僅只是與別人聊天增進了解與情誼的工具，良好的陳述能力更有助於自身的立場與想法的表達，同時也讓別人留下你條理分明、善於思考的好印象，這樣的說話能力在現在的社會中是一項可貴的能力。如何在「寡言」與「議論風生」拿捏得當，則必須有足夠的判斷能力。孔子說：「時，然後言。」注意身處場合及對象，斟酌遣詞用字及內容，才能將說話的溝通效用發揮到最大的結果。

範文賞析

　　範文共分為四段，根據題目的要求，第一段先簡要敘述兩則引文對於「說話」的相似之處，是在於認同「少說話」是一種美德，接著敘述兩則引文對於「說話」的不同看法，在於古人認為「躁人之辭多」，即多說話是個性急躁的表現，顯然也是當時社會使然；而朱自清先生卻認為「少說話」對於人際關係有所影響，在西風東漸的影響下，「善於言詞」在現代社會儼然是一種可貴的能力。

　　再來舉蘇格拉底的言例說明，進而提出自己的見解，說明如何在說與不說間拿捏得當，是我們應該學習的。最後一段則引用孔子的名言「時，然後言。」的論點，作為說話的準則，呼應全文，並以「說話」對於人生的重要性作結。

題目十二

一、柳宗元〈敵戒〉

皆知敵之仇，而不知爲益之尤；皆知敵之害，而不知爲利之大。

秦有六國，兢兢以強；六國既除，訑訑[1]乃亡。晉敗楚鄢[2]，范文[3]爲患；屬[4]之不圖，舉國造怨。孟孫惡臧，孟死臧恤，「藥石去矣，吾亡無日」。智能知之，猶卒以危，矧[5]今之人，曾不是思。

敵存而懼，敵去而舞，廢備自盈，祇益爲愈。敵存滅禍，敵去召過。有能知此，道大名播。懲病克壽，矜壯死暴；縱慾不戒，匪愚伊耄。我作戒詩，思者無咎。

1　傲慢自信，不聽人言的樣子。
2　晉楚鄢陵之戰，晉勝楚敗。
3　晉大夫范文子。
4　晉國君厲公。
5　況且。

二、

管理學中有所謂「狗魚效應」，或稱「鰻魚效應」、「鯰魚效應」，由來是：

很久以前，挪威人從深海捕撈的沙丁魚，總是還沒到達岸邊就已經口吐白沫，只有一條漁船總能帶著活魚上岸，活魚自然比死魚的價格貴出好幾倍。其箇中秘密是：這條船的漁夫在沙丁魚槽中放進了鯰魚。鯰魚是沙丁魚的天敵，當魚槽同時放有沙丁魚和鯰魚時，鯰魚會不斷地追逐沙丁魚。而在鯰魚的追逐下，沙丁

魚會拼命游動，激發其內部活力，從而活了下來。

　　日本漁夫也有類似的智慧。日本北海道出產味道珍奇的鰻魚，活鰻魚比死鰻魚貴了一倍以上，然而鰻魚的生命非常脆弱，只要一離開深海區，不到半天就會全部死亡。聰明的漁夫為了讓捕獲的鰻魚延長生命，就在整艙鰻魚中放進幾隻鰻魚的死對頭——狗魚，鰻魚與狗魚非但不是同類，還是出了名的死對頭。勢單力薄的狗魚遇到成群的對手，便驚慌地在鰻魚堆裡亂竄，如此反把死氣沈沈的鰻魚給擊活了。

—— 改寫自李津編著《世界最偉大的智慧書》

　　以上二則材料分別從歷史、生物學角度出發，言及政治上對壘之敵手與自然界中物種天敵的作用。請仔細閱讀、思索後，以「對手」為題，作文一篇，先說明此二則材料對於「對手」所抱持的看法，而後闡述自己的觀點與想法。

解題指引

　　首先，學生需先對兩段材料的文意有正確理解，並找出與題目「對手」相關之處。其次，分析兩段材料：第一段材料側重「敵之利」——敵存而懼、敵存滅禍。第二段材料介紹管理學中的「狗魚效應」——通過引入外界的競爭者來激發內部的活力。兩段材料皆肯定了對手的正面價值。分析與評論的篇幅分配應是「敘少論多」：亦即分析少，闡述多。闡述部分可援例佐證一己之看法，以避免游談無根。舉例可從自然界、企業、國家等方面搜索，亦可採正反例對比說理。

範文

對手

　　柳宗元與現代管理學中的狗魚效應，都肯定了對手的重要：對手造成壓力，而有壓力才有動力。一個政體如果沒有對手，易逐步走向懈怠和衰亡；一個群體若無對手，則易因相互依賴喪失活力與生機。對手會帶來危機感、競爭力，因此秦國在六國環伺之下，不得不奮發圖強、銳意進取；而鰻魚、沙丁魚在鯰魚與狗魚製造出的緊張氣氛中，亦不再死氣沈沈。

　　天敵是生物的危害與威脅，也是物種在演化過程中得以更堅韌強大的原因。動物園豢養的美洲虎，即便有成群人工飼養的牛、羊、鹿、兔供其享用，牠卻從不獵食，整天只待在有空調的房裡，飽食終日，無精打采。動物學家建議園方放入幾隻狼或豺狗，方使美洲虎恢復雄風，重新嘯傲馳騁。此外，科學家也曾觀察過大自然中的鹿群，發現如果鹿群的活動區域內沒有狼等天敵，會缺少危機感，不再奔跑，身體素質就會下降，族群繁衍亦會大受影響。動物若沒有對手，就會變得死氣沉沉；人如果沒有對手，亦容易養成惰性，淪於庸碌無為。

　　一個行業若缺乏對手，往往會喪失安於現狀，不思進取。本田汽車的總裁本田宗一郎也曾面臨公司裡人浮於事的員工太多的問題，因此將松和公司的銷售部副經理——年僅三十五歲的武太郎挖角過來，作為本田公司的「狗魚」。武太郎憑著自己豐富的市場行銷經驗和過人的學識，以及驚人的毅力和工作熱情，激發了本田公司其他員工的工作活力，使公司上下的「鰻魚」都有了觸電般的反應，公司的銷售狀況因而好轉，業績更是蒸蒸日上。

孟子說：「生於憂患，死於安樂。」怠惰偷安、懶怠散逸是多數人的慣性，勁敵可以激活動物、促進人的危機意識、提高企業競爭力，甚至讓國家革故鼎新。對手，是生命的活化能，可激發人的潛力，俾使人在良性競爭下，超越自我，成就自我。

範文賞析

本題可掌握文旨後直接破題，並舉例印證。在佈局上，可採用「總分總」的架構，在首段先總說交代論點：對手的重要，並在中段舉例印證，並在末段照應全文，再次強調全文主旨。

第一段：開門見山分析柳宗元〈敵戒〉與管理學中的「狗魚效應」，指出兩者的共通點皆在於肯定對手的重要。可用正反論述的方式行文，亦即：有對手、無對手分別有哪些優、缺點。

第二段：承續第一段「狗魚」的討論，再舉美洲虎與與鹿群等動物為論據，印證論點：天敵是威脅，同時也是物種演化得更強大的原因。並在小結處由動物延伸到人，再次強調對手存在的必要。

第三段：再舉企業為例，以本田汽車有無「狗魚」（武太郎）的前後差別，印證對手的重要。

第四段：先引用孟子之言作為開頭，說明人類貪圖怠惰安逸的慣性。在這樣的前提下，照應全文所言及之動物、人類、企業、國家的討論，拈出「對手可幫助人自我超越」的價值作結。

題目十三

一、

　　毛遂自薦於平原君。平原君曰：「夫賢士之處世也，譬若錐之處囊中，其末立見。今先生處勝之門下三年于此矣，左右未有所稱頌，勝未有所聞，是先生無所有也。先生不能，先生留！」毛遂曰：「臣乃今日請處囊中耳！使遂蚤得處囊中，乃脫穎而出，非特其末見而已。」

——摘錄自司馬遷《史記·平原君虞卿列傳》

二、

　　白，隴西布衣，流落楚、漢。十五好劍術，遍幹[1]諸侯。三十成文章，歷抵卿相。雖長不滿七尺，而心雄萬夫。皆王公大人許與氣義。此疇曩[2]心跡，安敢不盡於君侯哉！

　　君侯製作[3]侔神明，德行動天地，筆參造化，學究天人[4]。幸願開張心顏，不以長揖見拒。必若接之以高宴，縱之以清談，請日試萬言，倚馬可待[5]。今天下以君侯為文章之司命，人物之權衡，一經品題，便作佳士。而君侯何惜階前盈尺之地[6]，不使白揚眉吐氣，激昂青雲耶？

——摘錄自李白《與韓荊州書》

1　求見。歷抵：多方拜見。
2　從前。
3　功業。
4　讚美對方文筆、學問俱佳。
5　比喻才華洋溢。
6　求見者所站之處。

求學、求職是人生途中必經之路，在面試中如何展現自己，脫穎而出是非常重要的。尤其在人才濟濟、競爭激烈的現今，敢勇於展現自己優秀的人，才有機會得到伯樂的慧眼賞識。請根據以上兩則故事，寫一篇文章，歸納並說明推薦自己的重要性。

解題指引

寫作者可根據毛遂、李白自薦的故事，引證自我推薦的成功者對人生的影響，說明成功的自我推薦，對自己的求學、求職的重要性。中間內容部分可以自己的生活經驗，分析如何成功推薦自己，例如：積極的態度、創意、對目標的熱情，肯定及勇於展現自己的優點及特色……等等。最後結論部分，可再次強調善於推薦自己的人，才能把握機會脫穎而出。

範文

自我推薦

在現今的社會，懂得自我推薦是一項重要的能力。然而，在課堂上發言，常是學生避之唯恐不及的夢魘，但是害怕表現自己，無形中也是錯失了向別人展現自己的機會。

早在戰國時代，便有食客毛遂向平原君自我推薦的故事。當平原君質疑毛遂多年來都未展現自己的能力時，毛遂一句話精準地點出古今皆然的現象：使遂蚤得處囊中，乃脫穎而出。而詩人李白更是為文四處投遞，希冀獲得賞識與名聲，正是因為如果沒有表現能力的機會，又要如何脫穎而出，讓大家看到你的實力呢？

反觀當今社會，學生常常在寫自傳時敷衍了事，求職者在寫自傳和履歷表時傷透腦筋。其實人們害怕自我介紹時，常常是忽略自己的優勢及特別之處，對自己沒有信心。如早期的留學生，在外國大學的課堂上，常常是羞於表現自己的，其實他們的學問一點也不輸歐美的大學生，甚至更努力、更認真，但是怯於發言，讓教授忽略了他們的優秀。若進到職場，也同樣是畏縮不敢展現自己的態度，那將會錯失多少良機？在每個重要時刻，如果只是縮在安全的角落，缺乏踏出去介紹自己的勇氣，你就會越來越沒有自信，也失去展現自己的機會。

每個人都希望自己的優點被人看見，希望在學校、職場上得到重視，那麼平時的練習就非常重要，找出自己的優點，發展別人所沒有的能力，在關鍵時，勇於踏出去展現自己，你會發現自己的與眾不同，你會更有自信，得到你夢寐以求的機會。

範文賞析

此篇論述自我推薦的必要性，所以一開始可以直接點明主旨，從反面先論述，不敢自我推薦是一般人的通病，進而點出不擅長自我推薦的人容易錯失機會，進而強調推薦自己的重要性。再引用毛遂和李白的典故，印證無論古今中外，皆有同樣情形，如果滿腹才學卻不被人所用，也等於珠玉被掩蓋了光華，與石礫無異。再引用現代人常常不知如何展現自己的優勢，所以無法得到重視，進而缺乏自信，鬱鬱不得志，最後提出人人都希望自己的優秀被人看見，所以懂得並勇於自我推薦是一項重要的能力。

本文緊密扣題，首尾連貫。寫作者在寫作文章時，若能在文章中舉出生活實例，如自我推薦成功的經驗，或是社會上成功者的案例分

享，都能增加文章的說服力。

題目十四

一、

　　管仲夷吾者，潁上人也。少時常與鮑叔牙遊，鮑叔知其賢。管仲貧困，常欺鮑叔，鮑叔終善遇之，不以為言。已而鮑叔事齊公子小白，管仲事公子糾。及小白立為桓公，公子糾死，管仲囚焉。鮑叔遂進管仲。管仲既用，任政於齊，齊桓公以霸，九合諸侯，一匡天下，管仲之謀也。

　　管仲曰：「吾始困時，嘗與鮑叔賈，分財利多自與，鮑叔不以我為貪，知我貧也。吾嘗為鮑叔謀事而更窮困，鮑叔不以我為愚，知時有利不利也。吾嘗三仕三見逐於君，鮑叔不以我為不肖，知我不遇時。吾嘗三戰三走，鮑叔不以我怯，知我有老母也。公子糾敗，召忽死之，吾幽囚受辱，鮑叔不以我為無恥，知我不羞小節而恥功名不顯於天下也。生我者父母，知我者鮑子也。」鮑叔既進管仲，以身下之。子孫世祿於齊，有封邑者十餘世，常為名大夫。天下不多管仲之賢而多鮑叔能知人也。

　　　　　　　　　　　　　　　　——摘錄自《史記·管晏列傳》

二、

　　管仲有病，桓公往問之，曰：「仲父之病矣，漬甚，國人弗諱，寡人將誰屬國？」管仲對曰：「昔者臣盡力竭智，猶未足以知之也，今病在於朝夕之中，臣奚能言？」桓公曰：「此大事也，願仲父之教寡人也。」管仲敬諾，曰：「公誰欲相？」公

> 曰：「鮑叔牙可乎？」管仲對曰：「不可。夷吾善鮑叔牙，鮑叔牙之爲人也：清廉潔直，視不己若者，不比於人；一聞人之過，終身不忘。」
>
> —— 摘錄自《呂氏春秋・貴公》

　　我們在談論友情深厚時，「管鮑之交」常爲人津津樂道，然現實生活中，深厚的友情必須經營而來。請根據上述兩則引文說明「管鮑之交」之所以能爲後世稱頌的原因，並說明自己從中得到的啓發。

解題指引

　　本題要求從上述兩則引文中，說明管仲及鮑叔牙對彼此的了解，並且從中體悟「理解與包容」對於友情的重要性。第一則管仲自陳：「……生我者父母，知我者鮑子也」說明鮑叔牙的知遇之情；第二則中管仲則說：「夷吾善鮑叔牙……」，顯見他對鮑叔也知之甚稔，兩人的相知是友情的基礎。接著說明「管鮑之交」得以爲世人所稱頌在於：鮑叔的知人與包容，才是成就了千古美談的主因。再來說明「管鮑之交」可以給我們的啓發，這部分可以從幾點切入：認同鮑叔的「理解與包容」，印證「世有伯樂，然後有千里馬」的論點；或是說明管仲種種的欺人行爲，在現實生活中，恐怕尚未遇到伯樂，就已被邊緣化……。最後提出自己見解做結論。

範文

> 　　管仲與鮑叔牙之間的情誼，即使千年之後，仍是美談。「生我者父母，知我者鮑子也。」是管仲對於鮑叔牙知遇的感激之

情；「夷吾善鮑叔牙」是管仲表達對於鮑叔牙知之甚稔，「相知」是兩人友情的基礎，然而兩人深厚的情感，卻是建立在鮑叔牙對管仲的種種「寬容」中。

管仲與鮑叔牙從年少相識，由於鮑叔牙知道管仲家中貧窮，因此在他們共同經商時，願意讓管仲處處佔他便宜。在管仲屢經挫敗、為人非議時，能夠挺身而出，為他多方辯解；甚至後來鮑叔牙還向齊桓公推薦獄中的管仲，使得齊桓公最終成就霸業，同時也將管仲推向政治生涯的顛峰。

因為鮑叔牙體諒管仲的難處，能在管仲身處困境的時候及時伸出援手，能看到管仲不凡的才能，盡力使管仲受到重用。鮑叔牙可稱是管仲的伯樂，就如同韓愈所說：「世有伯樂，然後有千里馬。千里馬常有，而伯樂不常有。」如果管仲沒有遇上了解他的鮑叔牙，便當不上齊國的宰相，無法發揮他的才能，終將湮沒於漫漫歷史長河之中了。

儘管管仲與鮑叔牙的故事是千古佳話，但是若現今社會中，有一個像管仲如此對待朋友的人，即使才能再高，想必不僅不會留下好的名聲，甚至還可能讓人敬而遠之，喪失人助的機會。如果人人像管仲一樣優先考慮自己，從自己的立場做事，卻希望能找到像鮑叔牙一樣能夠同等寬容的人，那是不可能的。朋友的交往，講究的是「互相尊重、包容」，單方面的付出、忍讓包容是無法讓友情長久的。

理解與包容是友情的基礎，但很多時候，學會謹守分寸，能為對方著想，才能使友情更加深厚而長久。

範文解析

　　本文共分爲五段，依照題目的要求，依照起承轉合的結構，在第一段中說明從第一則「生我者父母，知我者鮑子也」及第二則「夷吾善鮑叔牙」中可知，因爲兩人對於彼此的知之甚稔，與鮑叔牙對於管仲種種行爲的「寬容」，才能成就這一段千古佳話。

　　接著從第一則管仲自陳他與鮑叔交友過程中，鮑叔牙對於他種種不當行爲的多方辯解，甚至將他引薦給齊桓公，不但成就齊國的霸業，也默默將管仲推向政治生涯的巔峰，印證了「世有伯樂，然後有千里馬」的道理，而鮑叔正是管仲的伯樂，間接說明司馬遷所說的「天下不多管仲之賢，而多鮑叔能知人也」。

　　再來話鋒一轉，說明在現今生活中，若我們希望以管仲的所作所爲，卻要他人像鮑叔牙一樣理解寬容，應是不可行的。因此，與人交往需以管仲爲戒。最後，總結全文—管仲與鮑叔間的「理解與包容」是值得我們學習的地方，與第一段呼應；然不管再熟的朋友也應有所分寸，才能讓友情可以長久做結。文章寫來結構完整，論述有理，舉例得宜。

題目十五

一、

　　有一個年輕人問海明威寫作方法。海明威答覆他說：「我不能幫你忙，小傢伙。你所寫得比我十九歲時要寫得好的多。問題是你寫得太像我。如果太像我，你是哪兒也到不了的。」這話不僅僅是指寫作，而更應該是指思維。我們如果跟著海明威走，不論是走到非洲去打獵，或到西班牙去鬥牛。不會走到哪兒去的。

　　　　　　　　　　　　　　　　　　—— 摘錄自陳之藩〈迷失的年代〉

二、

　　美國作曲家喬治・蓋希文年輕的時候，很崇拜當時頗負盛名的名作曲家艾文・柏林，他常常模仿柏林的作品。柏林相當欣賞蓋希文的才華，所以對他提出了忠告：「你就是再努力，也頂多成為柏林第二罷了；如果能做你自己，你將會成為一流的蓋希文。」

—— 摘錄自潘台成〈做你自己〉

三、

　　晉代知名書法家王獻之自小便受到父親王羲之的影響，鍾情於書藝，他曾詢問父親要如何才能寫得一手好字，當時王羲之僅指著院子裡的十八口水缸說道：「只要你能將這些水寫完，自然能夠知道。」但王獻之卻覺得父親未能明瞭自己的才華，便模仿父親的字體習寫給母親看。一日，王羲之看到獻之寫的一個「大」字，便動筆為其加了一點，使其成為「太」字，母親看到王獻之習寫的作品後，指著「太」字的那一點說：「此點最佳。」才讓獻之了解自己的不足之處，從此更用心練習。

　　在面對人生方向的選擇時，我們常常會選擇比較多人走的那一條路，因為比較穩定，不會有意外，我們習慣跟從別人的成功模式，依樣畫葫蘆，不敢踏出自己的舒適圈。上述有三位成功人士的經歷，請分析他們的共同點及成功的原因，寫一篇文章，論述你對自己人生方向的看法。

不用出門補習，寫好國寫作文不難

解題指引

　　本題要求針對三則引文進行分析，找出三者的共同點及成功的原因：走出自己的路，進而論述出自己對人生的看法。本文可掌握住以下三點：

1. 點出一般人在面臨人生抉擇的方向，常常選擇和大家相同的路。
2. 成功的模式可以學習但不能複製，因爲個人的資質、能力和境遇不同，無法認清自己的獨一無二，只能成爲某某第二，永遠找不到自己眞正的定位。
3. 最後結論部分，強調人生本來就是要做出自己的決定，並有勇氣去承擔抉擇的結果，這樣的人生才是眞正屬於自己的。

範文

　　人生中常面對許多的岔路，下一步該如何走，許多人會踟躕不前，選擇科系、選擇工作，選擇讓自己成爲一個怎麼樣的人，有些人會選擇看起來較輕鬆的方向，就是選和大家一樣的路：挑熱門的科系、選大眾嚮往的職業，這是安全的選擇，但是是否一定是最好的選擇？

　　美國作曲家喬治·蓋希文在年輕的時候，十分崇拜當時頗負盛名的名作曲家艾文·柏林，蓋希文常常模仿柏林的作品，而柏林相當欣賞這位年輕人的才華，所以對他提出了忠告：「你就是再努力，也頂多成爲柏林第二罷了；如果能做你自己，你將會成爲一流的蓋希文。」柏林的建議一針見血，點出許多藝術家年輕時常犯的錯誤：專心於模仿所崇拜的大家，卻忘記塑造自己的風格。

　　電視上常常有各種模仿秀，那些表演者將各式人物模仿得

唯妙唯肖，可以看出這些演員是優秀有天賦的，也靠著精采的模仿紅極一時，但是風頭過了之後呢？一再的模仿終有江郎才盡之時，觀眾看見了模仿之神似而喝采，卻對表演者沒有真正的印象。如果這些表演者沒有跳脫出來，演出真正屬於自己的作品，他們永遠只是舞台上曇花一現的影子，無法建立屬於自己的演藝事業。

　　每個人都是獨一無二的，別人成功的經驗也只能參考，無法複製。認清自己是誰，自己能做甚麼，勇於開創自己的道路，這是一位成功者該有的覺悟。

範文賞析

　　整篇文章在立意上，重心在於自己的路需要自己選擇並去承擔，強調自己的主體性，既然每個人都是獨特的，那麼在面臨人生道路的選擇上，也不應該隨波逐流，而是要找到適合自己的方向。取材上，可以取大家一窩蜂追逐流行，反而失去個人特色的事例，證明自己的論點：強調自己的獨特，才能在眾人中不被掩蓋光芒，受人矚目。另一方面，可以點出一般人對成功的迷思，常常看見其他人成功的經驗，就想直接複製，這種走捷徑希望一步登天的心態反而是失敗的原因。成功者能夠嶄露頭角，就在於他了解自己的潛能，願意下苦功累積實力，厚積薄發。讓自己與眾不同，才能掌握趨勢，把握時機展現光華。所以要追求成功，沒有捷徑，只有清楚認識自己，能善用自己優勢的人，才能脫穎而出。

題目十六

一、

《論語・憲問》：「或曰：『以德報怨，何如？』子曰：『何以報德？以直報怨，以德報德。』」

二、

《老子・第六十三章》：「報怨以德。」

三、

2001年發生在美國的「911」事件震驚全球。造成此次恐怖攻擊的原因眾說紛紜，但大多指向美國長期以軍事和經濟援助以色列，以致阿拉伯人不滿，甚至極度仇恨美國。在此悲劇發生的前十個月，美軍更曾對巴格達猛烈轟炸，並縱容以色列濫殺巴勒斯坦平民。在政治、經濟、宗教、軍事等諸多糾葛與長期的不滿、對立之下，導致了該次由賓拉登主導的恐怖攻擊事件。

十幾年過去，恐怖主義對國際安全的威脅有增無減。近年來被定義為恐怖組織的伊斯蘭國（ISIS）活躍，美國總統川普（Donald Trump）在競選總統時曾表示，面對伊斯蘭國殘暴且毫無設限的手段，包括將囚犯公開斬首、以及關在牢籠裡溺死等，美國卻因水刑禁令，而在對抗伊斯蘭國時處於戰略劣勢，「變得非常軟弱且缺乏效率」。一旦他成為美國總統，將慎重考慮推動更改禁用水刑[1]（waterboarding）和其他能強化偵訊方法的法令，用「以毒攻毒」的方式對抗ISIS激進分子的殘暴行徑。川普認為水刑及其他被視為酷刑，而且國際法禁止的審訊手法「絕

對」有效，是否下令恢復，他將聽取CIA（中央情報局）與五角大廈的建議來決定。

1　是一種使犯人以為自己快被溺斃的刑訊方式。專家認為此種刑求會使犯人產生快要窒息和淹死的感覺。911事件後CIA在審訊恐怖分子時使用過水刑，而後被美國前總統歐巴馬廢除。

請分析以上材料分別對於「怨」抱持了怎樣的應對之道，你較認同哪種態度？請作文一篇，說明你的觀點及理由。

解題指引

學生必須先從本題材料中分析出對「怨」的幾種應對之道，再表明自己認同何者，並說明理由。

先分析三則材料對於怨的應對之道。在第一則出自《論語‧憲問》的材料中，可見及孔子「以直報怨」的思想。第二則出自《老子‧第六十三章》的材料，可見到老子提出「報怨以德」的觀點。第三則材料則反映了「以怨報怨」的看法。

再指出自己認同何種態度。建議不選擇「以怨報怨」來傳遞負面價值觀。而可以就孔子、老子的觀點擇一，並說明理由：

1. 認同「以直報怨」：按照正義的原則對待他人，讓他人受到公平的待遇……
2. 認同「以德報怨」：用德行來回應怨恨，從根本上不與人結怨……

範文

　　吾人並非餐菊的隱士、吐霞的詩人，無法離群索居。人之相與，免不了會有齟齬趑趄，面對恩怨情仇該如何應對？考驗著人的智慧與修養。

　　孔子認爲無須爲了表面的和平而「以德報怨」、委曲求全，更不用爲了成就寬宏大量的美名而忍氣吞聲；所以他主張「以直報怨」，要以公正無私之心來回報怨懟，如此，方不致淪爲不問是非曲直的鄉愿。而老子則主張「以德報怨」，冤家宜解不宜結，用德行來回應怨恨，才是終止以牙還牙、以眼還眼的根本之道。而第三則材料則可看到「以怨報怨」的惡性循環，欲以以暴制暴的方式杜絕恐怖攻擊，無疑是緣木求魚，近年ISIS肆虐，反而可能是美國長年以暴制暴的結果。

　　我欣賞老子「以德報怨」的態度。老子嘗言：「和大怨，必有餘怨，安可以爲善？」以直報怨，往往只是爲冤冤相報找一個檯面上的出口，即便雙方和解，仍可能會留有餘怨，遑論以暴制暴。因此，化解怨恨最理想的方法是「以德報怨」。如孔門德行科高足閔子騫，雖受後母欺凌虐待，卻在父親發現時維護後母，以德報怨，終使後母痛改前非，更保全一己家庭，得以重享天倫。寬容所引起的道德震動往往比懲罰更強烈，用良善化解對立，往往能化敵爲友。

　　「忘過念功，忘怨念恩。」不僅不念舊惡，更以道德去感召、去化解。以德報怨是睿智，更是氣度的展現。我相信秉持如是態度處世，可以化解許多怨恨，讓善的漣漪擴張到整個社會中，使世界更加和諧融洽。

範文賞析

範文共四段。首段先破題，觸及「怨」之主題，並以「餐菊的隱士、吐霞的詩人」展現文字能力。此外，以設問法促使讀者反思，面對不可避免的「怨」，人該如何應對？

次段分析以直報怨、以德報怨、以怨報怨等不同的應對之道，並結合「鄉愿」等已學過的知識進行佐證說明，展現學以致用的能力；亦就材料所給之ISIS深入討論，「以怨報怨」不僅不是化解「怨」的根本之道，反而可能成為惡性循環的主因，呈現更深入的思考。

第三段選擇老子「以德報怨」之觀點發揮。先引老子「和大怨，必有餘怨」的言論作為「以德報怨」，而非「以直報怨」的理論基礎，並以閔子騫以德報怨、感動後母之事蹟為例，印證以德報怨才是化解怨恨的根本之道。本段採「論點＋例子（言例＋事例）＋小結」的書寫架構，條理井然。

末段以「睿智、氣度」回扣首段的「智慧、修養」，可收首尾呼應之效。並以「以德報怨」連結更良善的社會、更和諧的未來，讓讀者欣然接受全文論點。

題目十七

一、《論語・子路》

「葉公語孔子曰：『吾黨有直躬者，其父攘[1]羊，而子證[2]之。』孔子曰：『吾黨之直者異於是。父為子隱，子為父隱，直在其中矣。』」

---

1 竊取。
2 告發。

二、《韓非子·五蠹》

「楚之有直弓，其父竊羊，而謁[1]之吏。令尹曰：『殺之。』以爲直於君而曲於父[2]，報[3]而罪之。以是觀之，夫君之直臣，父之暴子[4]也。」

---

1 告。
2 對於父親的孝道有虧。
3 斷獄；判決。
4 兇暴的兒子；逆子。

三、

西元1949年哈佛大學法學教授富勒（Lon Fuller）提出了一個虛構的山洞案件：洞穴探險者案，此案被評爲史上最偉大的虛構法律案。案情大要是：有五位洞穴探險協會的成員進入一個石灰岩洞探險，因發生山崩，探險隊被困。一個齊集了各方面專家的救難隊在山洞旁建立營地準備營救。但因山崩持續，救援緩慢，其中一次山崩甚至還奪走十條救難人員的性命。

在受困第二十天，救難隊與探險隊以無線通訊設備取得聯繫。工程師分析，至少還要十天才能移除洞口土石，而醫師認爲探險隊再活十天的機率很小，因其食物見底，而且洞内亦無食物來源。八小時後，探險隊再度與救難隊聯繫，代表威特莫爾詢問：假如他們吃了其中一人，是否能再活十天？醫師很不情願地給予肯定答覆。威特莫爾再詢問：對於吃人這件事是否有專家要提供意見？以抽籤的形式決定誰該死亡是否可行？包括醫學家、法官、政府官員、神學家等人都不予回應，通訊就斷了，救難隊

認爲是電池沒電了。

　　到了第三十二天，營救成功，但威特莫爾在第二十三天時已經被殺死吃掉。生還者供稱，威特莫爾是第一個提議要吃人的，也提議以抽籤的方式決定。其他人一開始不願，亦曾反覆討論抽籤的公平性，但聽了工程師與醫生的分析後便同意了。但在抽籤前，威特莫爾改變心意，希望再等七天看看；其他同伴只詢問他是否認爲抽籤公平，受害者並無異議，也對同伴幫他抽籤的作法沒意見，其他人替他抽籤，結果抽中威特莫爾，他就被殺了。

　　在以上材料中，均呈現出法理與人情的難題。請以「法理與人情」爲題，作文一篇，先分析材料一、二中，孔子與韓非子看待同一事件卻有不同觀點的原因，而後依據材料三，思索如果你是法官，將會如何審判洞穴中將同伴吃掉的其餘四個人？並說明你的理由。

解題指引

　　首先，本題題目要求以「法理與人情」爲題，故必須抄題。

　　其次，可分段分析前兩則材料對於「證父攘羊」一事的不同看法與思想基礎。孔子認爲法理建立在人情之上，故不宜犧牲親情。而韓非子則不認同儒家只重視「孝」的思考模式，認爲要公事公辦。

　　接著，依據材料三，假設自己是法官，思考如何審判將同伴吃掉的其餘四個人，並說明原因。可就法理與人情的關係，從以下角度進行思辨：

1. 有罪：因法律規定任何人「故意剝奪他人的生命」都須判處死刑，不能爲了人情而罔顧法理……

2. 有罪，但請求特赦：法律應顧及人情，考量案發時他們的動機，殺人的目的是爲了延續生命……

3. 無罪：法律不外乎人情，一個人死總比一群人一起死好些，他們是在無其他選擇下做此決定……

範文

法理與人情

韓非子云：「懸衡而知平，設規而知圓。」憲令著於官府，有法理，才能符合社會的需要。而人倫則是天性的展現，「上不變天性，下不奪人倫」，講人情，是人自然而然的稟性。然而法理與人情在「證父攘羊」一事中，似乎不能兩全。

孔子認爲父子相隱是「直」的表現，不認同爲了法理而犧牲親情之舉。順手牽羊之事，任何人都可以告發，但人情應擺在法律之前，若爲了法律而犧牲親情，無異是本末倒置。「大義滅親」並非孔子所認同的，不漠視天性中對人情的感受，才能表現出眞正的正直；若只是表面上講求法理，內心卻背離人性的要求，往往很難持久。孔子並非罔顧法理，而是認爲法律應建立在人情之上。

韓非子則認爲，若因違背孝道而殺直躬，此後不法情事恐就再也沒有人舉報。在忠孝不能兩全、證與隱衝突兩難時，他主張移孝作忠，法理先於人情，獎勵告姦，不惜跨越親情。「賞存乎愼法，而罰加於姦令」、「刑過不避大臣，賞善不遺匹夫」，直躬證父才符合法家的主張，不能爲了博取孝名而輕視理法。

若我是洞穴奇案的法官，我認爲將同伴吃掉的其餘四人是有

罪的。若有人因飢餓偷竊麵包果腹，法律仍會判他偷竊，如果飢餓不能是偷竊的理由，那麼飢餓也不該是殺人的理由。雖然殺一救四看似是在追求大多數人的幸福，然而法官判案依據的是法律而非人情，殺人犯罪是事實，但可以考量當時情況的特殊性，討論是否從輕量刑。

儒家認為法理不外乎人情，法家則主張法理應先於人情。更多時候，法理與人情是糾結在一起，無法獨立、必須同時考慮的。若說法理是必要之惡，那麼人情就是必要之善，我期許自己有誠實面對法律的負責態度，也有善體人情的溫暖溫柔。

範文賞析

範文共五段。首段先釋題，分別引用韓非子與漢書中之文句，闡揚法理與人情分別是社會的需要與天性的表現，並代入材料一、二的「證父攘羊」作為討論之發端。

第二段承接首段「證父攘羊」一事，分析孔子之觀點。除了指出孔子認為父子相隱乃為「直」的原因，也緊扣題目「法理與人情」進行闡述。並利用正說、反說立論「大義滅親」不長久的道理。

第三段則分析韓非子對「證父攘羊」一事之觀點。引用了韓非「賞存乎慎法，而罰加於姦令」、「刑過不避大臣，賞善不遺匹夫」等來闡釋，印證法家以法為先的思想。

第四段以推論方式判定吃人者有罪。先以「飢餓不足以構成偷竊之理由」為前提，推論出「飢餓亦不該構成殺人之理由」的觀點。回扣題目的法理與人情，指出犯罪與否需按法理，但罪責輕重則可斟酌人情。

末段重述儒家、法家對於法理與人情的不同看法，並期許自己能在法理與人情的天平中保持平衡。

題目十八

一、

　　梁實秋〈書〉一文提到：讀書樂，所以有人一卷在手往往廢寢忘食。但是也有人一看見書就哈欠連連，以看書為最好的治療失眠的方法。黃庭堅說：「人不讀書，則塵俗生其間，照鏡則面目可憎，對人則語言無味。」這也要看所讀的是些什麼書。如果讀的盡是一些猥屑的東西，其人如何能有書卷氣之可言？故英國十九世紀的羅斯金，在其著作《芝麻與白百合》第一講裏，勸人讀書尚友古人，那一番道理不失雅人深致。古聖先賢，成群的名世的作家，一年四季的排起隊來立在書架上面等候你來點喚，呼之即來揮之即去。行吟澤畔的屈大夫，一邀就到；飯顆山頭的李白杜甫也會連袂而來；想看外國戲，環球劇院的拿手好戲都隨時承接堂會；亞里士多德可以把他逍遙廊下的講詞對你重述一遍。這真是讀書樂。

　　　　　　　　　　　　　　　——節選自梁實秋〈書〉

二、

　　胡適在〈為什麼要讀書〉認為：「書是一種經驗記錄，讀書主要是繼承遺產；讀書可以幫助我們解決困難，應付環境，並可獲得思想材料的來源」。林語堂〈論讀書〉也說：「自由的讀書，這種讀書，所以開茅塞，除鄙見，得新知，增學問，廣識

見，養性靈。讀書讀出味來，語言自然有味，語言有味，做出文章亦必有味。」足見，讀書不單能增長我們的見識，明白天地著實廣大；也能夠培養我們的能力，面對人生的風風雨雨；還能賦予我們生命的活力，讀到共鳴之處，心有戚戚，恍若在書中看到自己，不由得載歌載舞，無法自已。無怪乎梁啓超在〈讀中國書〉裡說：「隨時立刻可以得著愉快的伴侶，莫過於書籍，莫便於書籍」。

如此經驗，古今中外皆然。故英國文學家法蘭西斯‧培根說：「知識就是力量」，因爲「讀書能給人樂趣、文雅和能力」。

不論故事書、教課書或文學、科普乃至藝術、金融管理各類書籍，在我們成長歷程中，必定不乏翻閱書本的經驗，但上文所謂「如此經驗，古今中外皆然」，顯然有其更深的意涵在。請綜合各段材料之主旨，並結合你個人經驗，以「悅讀力」爲題，予以申述。

解題指引

本篇以「悅讀力」爲題，然而，閱讀活動並非單向的，而是「作者⇌讀者」的雙向交流：作者以筆觸描繪他人難以想像的經驗；讀者則以自身想像力補白作品，並將書中作者之種種經驗內化成觀看世界的能力，與此同時，亦有成長蛻變的悅樂之情於其中。換言之，「閱」讀活動與過程對讀者所產生的「悅」與「力」之意蘊爲何，乃文章重點所在，必須分別說明。

是以，論述內容可從自身經驗入手，側重點有二：先敘寫通過閱

讀得到的喜「悅」之情，再論及運用在生活上的執行能「力」；以分別呼應資料文章所謂「讀書樂」以及「解決困難，應付環境」的說法。如此，便可完整呈現題目的寫作要求。

範文

悅讀力

當前臺灣教育界雖提出各種教改方案，以期提升學生素質涵養，但在日常生活中，卻難免陷入將「閱讀的能力」與「考試的分數」劃上等號的謬誤現象，甚至視後者為未來人生的真正評判標準。

在我看來，之所以會形成如此狀況，是因為人們總是從是否「有用」的角度來看待知識的學習，卻忘了讀書或學習的最初原動力，是在滿足自己的好奇心以及尋獲答案的樂趣。於是，在這資訊氾濫的年代，多數人面對稍長的文章便感到不耐煩，甚至將閱讀貼上「痛苦」的標誌，更遑論能開心地拿起一本書，細細領略，進而與作者一同探索其奧妙。

在與考試拼搏後的空檔，我會選擇在不同的書頁中穿梭，打開一道道通往未知的大門；跨越時空的隔閡、地理的限制，進入不同的新世界。如同簡媜在〈我害怕閱讀的人〉所寫道：「我害怕閱讀的人，一跟他們說話，我就像個透明人」，然而「閱讀不只是知識，更是魔力」，這句話先從自信與自慚，對比出是否參與閱讀活動的差異所在；進而指出閱讀具有使人感到快樂、舉手投足間猶如貴族般優雅的神奇，所謂「腹有詩書氣自華」，我想，指的就是這種轉變吧！

事實上，閱讀不僅帶來知識的力量，有時也能激勵讀者的心智。每當我對未來感到迷惘時，總是想起作家劉墉的話：「在超越別人之前，先得超越自己！」於是，我知道自己要做的只是戰勝心魔、突破自我設限；鼓舞著自己，讓自己獲得力量。我認為，能將書本作者的想法與智慧，內化成自己綜觀世界的能力，進而化解各種生活難題，才是閱讀的深刻意涵之所在。

　　因此，在「閱讀—越讀—悅讀」的過程中，我得到了別人偷不走的喜悅；藉著閱讀習慣，我恢復了身心的平靜；通過多樣的閱讀活動，我拓展了自身的視野。於是，我有了不同以往的成長，生活也因此更有興味！

範文賞析

　　篇首前兩段，直指當前教育決策及社會普遍視「分數」為評判準則的現象，而此現象亦正是扼殺學子們閱讀興趣的關鍵所在。文章所提內容，能引人對此問題予以正視及反思。

　　繼而，中間的三、四段，先陳述日下莘莘學子的讀書景況，多半只為拼搏考試成績，藉此以反襯作者能視課外閱讀為享受的樂事：過程中可以獲致強化心智的力量與消解難題的能力。其中，幾處引用作家的話語，除了可證明自己觀點正確及增添內容之理趣，更能彰顯閱讀所產生的力量。筆法層次分明，雖以說理為主，又能兼融情感，易使讀者接受其觀點。

　　末段總收全文，提出「『閱』讀—『越』讀—『悅』讀」的看法，既能照應上文內容所述，又通過排比句型，強化了「悅」讀「力」，讀來恰到好處。

題目十九

一、

　　五色令人目盲；五音令人耳聾；五味令人口爽；馳騁畋獵，令人心發狂；難得之貨，令人行妨。是以聖人為腹不為目，故去彼取此。《老子・十二章》

二、

　　鷦鷯巢於深林，不過一枝；偃鼠飲河，不過滿腹。《莊子・逍遙遊》

三、

　　曹雪芹在《紅樓夢》中寫道：「為官的，家業凋零；富貴的，金銀散盡；有恩的，死裏逃生；無情的，分明報應；欠命的，命已還；欠淚的，淚已盡：冤冤相報自非輕，分離聚合皆前定。欲知命短問前生，老來富貴也真僥倖。看破的，遁入空門；癡迷的，枉送了性命。——好一似食盡鳥投林，落了片白茫茫大地真乾淨！」描述賈府落敗，眾人的命運，過多的執著轉眼成空。

　　俗話說：「捨得捨得，有捨才有得。」如同上文所謂「去彼取此」、「捨棄多餘的」，二者都指向了，在抉擇過程中，捨棄或放下某些事物的必要。請綜合各段材料之主旨並結合個人經驗，以「捨得・捨不得」為題，予以申述。

　　本文屬於資料整合的讀寫題型，可先扣緊老子「爲腹不爲目」與「去彼取此」的哲思立論，釐清「想要／需要」的區別，以作爲我們能洞悉生活物欲蔽障的思想奧援。其次，莊子的比喻：「小鳥棲息在樹上，所占不過一根樹枝；鼴鼠飲河水，所需不過裝滿肚皮」，是要我們認清自己的實際需求並不多。因此，梳理「基本需求／過多欲求」二者的關係，是首要任務，可對照《紅樓夢》中，眾人的欲求轉眼成空，說明自己的體會，進而述及個人的經驗。

　　然而，放下或捨棄有時更需要足夠的勇氣與清明的智慧，若嘗試從以下角度入手，或許能翻轉出新意：

1. 某些東西的捨棄，爲的是成就另外一些不能放棄的事物，例如娛樂與夢想的關係。
2. 有時，之所以感到不捨得，是因爲摻雜了過多的情感因素，這也從側面顯示了要能做到放下或捨棄，反而需要更多的理智判斷力與執行決斷力。

範文

捨得・捨不得

　　在人生的歷程中，我們常面臨抉擇的情境難題，因爲在獲得的同時，似乎也伴隨著某些事物的失去，隨之而來的，便是捨得、捨不得的情緒糾結與攪擾。對此，每個人的想法與做法都不盡相同。

　　以物質層面爲例，就像百貨公司的週年慶，在一波波特惠低價的促銷廣告中，在搶購人潮的推擠與撩撥下，消費者的占有慾

與衝動逐漸升高且難以遏止，最終讓人拋卻了足以區分「想要」與「需要」的清明理智。無怪乎莊子並不是要我們摒絕欲望，而是要認清自己的實際需求並不多。對我而言，每到學期末才是取捨關卡的考驗時刻。像是平時恣意堆放在置物櫃裡的課本、考卷及各種文具，這些看似稀鬆平常的物品，卻因為時間發酵而變得充滿記憶與感情，讓人在存留和丟棄之間猶豫不決、難以定奪。但此戲碼年年上演的經驗提醒且堅定著我：唯有毅然決然地捨得拋掉某些東西，才更能體現出經過選擇後所留下來的物件之特殊與價值。

再就抽象層面來看，時間運用的取捨，亦是一大學問。究竟是選擇奔向球場，用汗水交織青春；抑或是選擇埋首書堆，以知識鋪墊未來；抑或是選擇闔上雙眼，將煩悶的現實拋諸於腦後？即便我的選擇多樣，但時間畢竟有限，勢必得做出抉擇。倘若能明白，誰都無法摘下在眼前綻放的每一朵花，更不能向上天乞求更多時間，那麼，能做的就只有學會權衡輕重、捨得放下。因此，我常捫心自問：不是我放棄了什麼，而是我選擇將什麼留下。

在追求擁有和佔有的快意之前，不妨停下來領略老子所謂「為腹不為目」、「去彼取此」的哲思睿智為何？思索《紅樓夢》中那些轉眼成空的功名利祿，於己何益？唯有在去除那些令人迷失的多餘之物後，才能了解自己真正需要什麼，並予以珍惜，體現出知足者恆常樂的生命精神。

範文賞析

首段即拋出本題「捨得／捨不得」的糾結情緒，是人生必然遇到的課題，開門見山，簡明扼要，且以「每個人的想法、做法都不盡相

同」爲引子，讓人產生往下讀的欲想。

第二段從「物質」面向申論，以百貨公司週年慶爲例，不免令具有消費者身分的讀者心有戚戚，重新檢視「想要／需要」之別。繼而，再以莊子之言作立論基礎，輔以己身事例，帶出「經過選擇後所留下來的物件之特殊與價值」的體悟，可謂句句珠璣，頗富理趣。

第三段屬抽象層面的思索，如實呈現目前學生們在個人時間安排的難處，運用排比及設問的修辭筆調，予人節奏快速，卻帶有淡淡無奈的情緒。最後轉而表述自己的理解：「不是我放棄了什麼，而是我選擇將什麼留下」，此句不只扣緊本題意旨，讀來更教人有破石震天之撼動。

本文能從物質與抽象雙重面向來探討問題，展現清楚的思考脈絡，又能加入自己的心理路歷程，可謂情理並重、首尾呼應，令人玩味再三。

題目二十

一、

泰戈爾：「不是鐵錘的擊打所能奏效，而是流水殷勤使頑石臻於完美。」

二、

赫拉克利特斯：「人不可能兩次踏進同一條河流。」

三、

老子《道德經》：「上善若水，水利萬物而不爭，處眾人之

所惡（水常流積於卑下之處，而「下流」正是眾人所厭惡的，所以說「處眾人之所惡」），故幾於道（近於道）。」

四、

　　迦南地最著名的約旦河，流經兩個著名的湖泊，一為加利利海，一為死海。雖然它們都承受約旦河的河水，但卻形成兩個截然不同的世界：加利利海是淡水，海中有各式各樣的水生植物和魚類；死海則累積大量的鹽分，沒有生物能存活。約旦河同時給兩個海注入淡水，何以會造成如此截然不同的兩個海？原來，死海沒有出口，只能封閉流動，只進不出；而約旦河的河水不僅流入加利利海，亦從加利利海的出口緩慢曲折地注入死海。

　　地球有70%是水，人體則由70%的水構成。以上三則材料皆與水有關，請以「臨水」為題，作文一篇，先解讀、分析每則材料中的寓意，而後提出自己「臨水」而生的見解或觀點。

解題指引

　　首先，本題題目要求以「臨水」為題，故必須抄題。

　　其次，可分段正確解讀、分析四則材料中的寓意。第一則材料側重「漸」之功──流水殷勤的潛移默化。第二則材料提示了「世界上唯一不變的事就是變」的道理，就算站在同一條河流裡，這一秒的水分子已和上一秒不同。第三則材料說明了水善於處下、善利萬物而不爭的智慧。最後一則材料則可從分享、奉獻、付出等方向解讀，樂於分享、奉獻、付出的人就如同加利利海，生命可常保生機；而吝於分

享、不願付出奉獻者，則如死海，死氣沉沉。

最後，必須用知性筆法寫出自己「臨水」的啟發、哲思或體悟。寫作時應該把握的重點是水本身的特質，而非人如何運用、控制水，甚至描述水帶來什麼災禍。老子曾說：「天下莫柔弱於水，而攻堅強者莫之能勝」，這是說明水的柔弱勝剛強。孟子說：「不舍晝夜，盈科而後進，放乎四海」，這是說明水的積極進取。其他不管是「水往低處流」、「水隨著容器改變外型卻不失本質」或是「水清澈透明，可滌清萬物」，都是臨水而生的見解或觀點。不妨揭示水的正面特質，並轉換成與人事有關的修養。

範文

臨水

孔子在川上感嘆逝者如斯，沙漠旅人渴求一皮囊水潤喉，賈寶玉以弱水三千表明一己心志。水，可以飲、可以鑑照，可以載舟覆舟，更可以醞釀詩篇。

滴水穿石，不是力量大，而是功夫深。泰戈爾的兩句詩，便有如此含意。人世間自然界的驚喜，往往是潛移默化、精雕細琢才能造就。水圓滑了稜角、修飾了尖銳，溫柔相待，方使頑石圓熟如卵。老子說：「天下莫柔弱於水，而攻堅強者莫之能勝。」柔弱勝剛強，關鍵就在於流水綿長溫柔的耐心與堅持。

古希臘哲學家赫拉克利特斯之言，則揭示了「變者天下之公理也」的道理。即便人站在同一條河流裡，但這一秒的水分子已和上一秒不同。「世界上唯一不變的事就是變」，新新生滅，念念不住，時間流逝，萬事萬物都在變化當中。

老子認爲水能滋養萬物，卻不與萬物爭，有謙退的美德。「夫唯不爭，故無尤。」從科學的角度看，水是生命的本源，但它卻有不居功的美質。若人能學習水這種爲而不爭、處下居後、善下之的謙讓美德，一定也會爲老子所推崇。

　　同樣爲約旦河所注入的兩個海，讓我從自然界窺知分享、付出的重要。樂於付出的人，生命如加利利海永不枯竭，澄澈且充滿生機；反之，吝於分享的人，一如死海，無法進行新陳代謝，終將只是一溝「清風吹不起半點漪淪的」，絕望的死水，走向陳腐、污濁的結局。

　　水有比熱大的性質，在液態時又可隨方就圓，無一處不自在。我盼望自己像水一樣，做一個比熱大的人，未必喜怒不形於色，但至少情緒穩定、不暴起暴落。此外，我也想學習水「隨方就圓」的隨緣自如，破除我執，凡事隨遇而安，歡喜自在。

　　臨水，古今中外的詩人領悟了潛移默化之效、變動不居之理，並懂得謙卑、分享與付出。而我喜歡水的安定與隨和，在我的生命中川流不息，流到生命的天涯海角。

範文賞析

　　範文共七段。首段以子在川上、沙漠旅人、賈寶玉弱水三千只取一瓢等帶出主題「水」。並在段末以「可以醞釀詩篇」接續下段泰戈爾詩句之分析。

　　第二段揭示泰戈爾詩句的含意，並以老子之言互相印證、闡發。

　　第三段：分析赫拉克利特斯所言之寓意，援引「變者，天下之公理也」（梁啓超語）、「世界上唯一不變的事就是變」說明其觀點。

第四段：闡發老子「上善若水」的觀點，引老子「夫唯不爭，故無尤」佐證。

第五段：分析死海與加利利海同樣接受約旦河的水，但結果不同的寓意。先正說肯定分享、付出的重要，再反說指出不分享、不付出的缺失。以正反立論的方式明辨分享、付出的重要。並暗用聞一多〈死水〉中名句。

第六段：提出自己「臨水」而生的兩個觀點：由水「比熱大、隨方就圓」的特質開展出「情緒穩定、隨遇而安」的修養與體悟。

第七段：照應全文，縮合人我之見，並以水的意象作結。照應中間段落所分析之寓意：潛移默化、變動不居、謙卑守柔、分享付出等，並重申一己之觀點：安定、隨和，收束全文。

題目二十一

一、

晉人車胤從小好學，卻因家境貧困，無法供其在晚上讀書，因此，他只能利用白天的時間背誦詩文。後來在一個夏天夜晚，他忽然見到許多在庭院飛舞的螢火蟲，那點點螢光讓他興起聚集螢火蟲作為讀書燈光的想法。因此，他利用螢火蟲的光，夜以繼日，勤學苦讀，終於官至御史大夫。

二、

春秋時代，吳國和越國在爭奪天下霸權。後來吳軍擊敗越國軍隊，並俘虜越王勾踐，勾踐歷經折磨終被釋放，但勾踐決心復仇，他每天吃飯和睡覺前都要舔舐苦膽，以激勵自己不要忘記這

份恥辱。終於，在勾踐的奮發圖強下，越國打敗吳國，成爲了一方霸主。

三、

　　荊軻，戰國時期著名俠客，性情豪爽，爲人俠義，受燕太子丹所託，要刺殺秦王。他說服樊於期獻出頭顱，又找了秦武揚作幫手，帶上要貢獻的城池地圖，以期能在最近的距離刺殺秦王。然而，最後卻功敗垂成，不只沒有殺死秦王，甚至賠上自己的性命，但荊軻的形象與精神卻永留在人們心中。

四、

　　秦檜，曾任宋朝兩任宰相，靖康之禍時，曾隨徽、欽二帝被擄至金國，後逃回國，宋高宗時，主導與金議和的任務，相傳爲求議和而構陷岳飛。後秦檜病逝，受贈申王，諡忠獻，晚年享盡榮寵。

　　許多人以追求功成名就爲人生目的，但更有些人的成就，遠超過一般人對「成功」的定義，他們在自己的領域所追求的目的，已經超越世俗所追求的名利，請閱讀四則引文後，作文一篇，論述你對成功的定義是甚麼。

解題指引

　　寫作本題題目要能確實理解引文內容，並將內容與寫作問題進行連結後，提出個人的經驗及看法。

1. 引文重點可以放在三部分：從車胤的例子，我們可以得知成功來自於不斷努力的過程，同時從句踐復國的故事，讓我們知道成功需要堅定的決心。另外，以荊軻和秦檜為例，我們知道成功並非以結果而論，有時過程比結果更重要。

2. 中間內容部分可引材料或自己的學習經驗，分享樂在其中的感受，有時已經超越要追求的結果。

3. 最後結論部分，可再次強調為了成功所獲得的經驗，才是人生最真實的寶物。

範文

　　成功是許多人一生追求的目標，然而秦檜最後官拜丞相，卻一輩子背負罵名是，否就代表成功？而荊軻刺秦王，最後落得魂斷異鄉的下場，是否他就是一個失敗的人呢？

　　許多偉大的人物，在追求自己的人生目標上，也和一般人所著重的點不一樣。世人汲汲營營，不外乎為了名、利二字，但有一種人，他在追尋的過程中，卻是享受過程，樂在其中，最後的成果為何，自己得到了什麼，反而不再重要。發明小兒麻痺症預防針的沙克，有句名言：「我所確知的是：科學家不是政治家。我不是明星，讓我回到實驗室去。」沙克執著的是，對科學研究的熱誠，不斷突破現有的侷限，發現更廣大的、未知的領域。他這樣單純如稚子的好奇精神，才能夠讓自己享受最純粹的研究之樂，至於利益、名氣，都不是他追求的目標。如果沒有如沙克、愛因斯坦、佛萊明這樣的科學家，只怕人類的科技也不會有如此輝煌的成就了。

古今中外多少重要人物，他們的事蹟佔據了短短數頁的篇幅，讓後人讚嘆景仰，但外人沒看見的，是他們窮極一生，默默努力卻不為人知的漫長歲月，以及他們對於成功熱切的想望，才是他們人生中最真實的寫照。如車胤囊螢，用功苦讀；勾踐嘗膽，中興越國。我們常常只看結果而忽略其中努力的過程，這是一般人的通病。只以成敗論英雄，固然簡單快速，但也導致了人會想一步登天，求速成的心態，為了在最短的時間內成功，故意出奇招吸引人們的目光，但往往曇花一現，便後繼乏力。

其實，人生中最重要的，是為達到目標而努力的過程，其中所累積的經驗，才是最真實寶貴的收穫。台上十分鐘，是呈現給觀眾的精采面，台下十年功，才是自己最真實穩固的實力。

範文賞析

本文開頭的部分，先以引文中荊軻與秦檜的例子，引人思考成功與失敗判斷的標準究竟為何？進而點出自我主張：成功應在於過程的收穫，而非結果。在取材上多用對比手法，再引用名人言例或生活經驗說明追求過程之樂趣，遠遠大於只求結果，而在努力的過程中所累積的經驗、能力，才是人生最寶貴的寶物。最後結論，可以強調世人常常只以成敗論英雄，但其實不計成敗，專注於自己的興趣的人，才是真正享受人生，樂在其中的成功者。

題目二十二

一、

　　或許是因為從小到大的數學教育過於殘酷與無趣，導致許多人潛意識對數學用上較嚴格的檢驗：去菜市場買菜，又不會用到開根號。

　　「精確」、「嚴謹」是數學的本質，也是導致學習困難、數學課討人厭的關鍵因素。考試，說穿了也只是測驗基本動作。依然不是球場。真正有趣的球賽是在名為「生活」的球場中舉行。因此，與其堅信數學無用論，不如稍微調整一下：「數學有用，只是教育體制中，還沒告訴我們數學該用在哪裡。」

　　——節錄自（賴以威，〈我永遠站在「數學無用論」高牆的另一邊——《超展開數學約會》導讀〉（2018/03/25「泛科學」http://pansci.asia/archives/137124）

二、

　　惠子對莊子說：「魏王送給我大葫蘆的種子，我種植收成時，果實有五石大的容量，用它來盛水，它外殼的堅硬度沒有辦法承受水的重量；剖開來作為舀水的水瓢，又沒有那麼大的水缸可以容納它。這個葫蘆並不是不大，但是對我卻沒有用，因而打碎它。」

　　莊子說：「你真是不會靈活地使用東西啊！（夫子拙於用大矣）從前，宋國有人善於製造保護手在嚴冬不會龜裂的祕方，世世代代就做漂打絲絮的職業。有一外來遊客聽說此事，便出一百兩黃金買這藥方。於是，宋人就集合族人商量說：『我們世世代代做漂打絲絮的職業，只能獲利很少，現在若能出售祕方，

便可得到百兩黃金，不如就賣給他吧！』這個外地客得到藥方後便獻給吳王，並說明藥方在軍事上的妙用。那時，吳、越兩國是世仇，吳王得到藥方後，就發動戰爭，並指派那獻上藥方者擔任主將，在冬天和越人進行水戰。因為吳國的士兵都塗上了防止皮膚凍裂的藥，至於越國的軍士因為沒有這種藥，軍士都生了皮膚病，吳國因此把越國打敗，獻上藥方的客人也因此而得到受封一大塊土地的獎賞。同樣都是可以在冬天時保護手預防皮膚凍裂的藥方，有人因此而得到封賞，有人終身從事漂絮工作，那是因為使用的方法不同。現在你有五石大的葫蘆，為什麼不把大瓠綁在腰上，作為腰舟來浮游渡過江湖？而還在憂愁沒有大水缸可以容納呢？可見你的心還是迂曲而不通達啊！」

──《莊子・逍遙遊》語譯

　　「有用／無用」應以何作為判斷標準？看法各有不同，請分別評述上述二則引文的看法，以「有用・無用」為題，作文一篇，文中請試舉一例，就其「有用／無用」之兩端，分述之。

解題指引

　　本題為思考性的讀寫題目，且需舉出明確事例並就其「有用／無用」的理由進行申述，寫作關鍵要點如下：

1. 首先必須能理解莊子對惠施說「夫子『拙』於用大矣」的「拙」的意思為何？並依此作為文章闡釋的切入點。如此，便可掌握主要的議論對象、範圍與重點。

2. 其次，寫作要求「試舉一例」，考驗了寫作者對日常事物的細心觀察，且事例必須兼具「有用／無用」兩面。關鍵在於惠施例子

的解讀，所謂「無用」的判定，是否只是一般人因事情發展不如自己所預想而下的結論？倘若跳脫此成見，結果又會如何？如此，方能拓展思路並展開論點陳述。

3. 結尾若能提出個人見解，更增議論的說服力。

範文

有用・無用

所謂的「有用」，究竟是對什麼有用？又該怎麼看待它的有效性呢？

就像綠草般的薄荷葉，若用於點綴巧克力蛋糕上，便能在濃郁口感外增添清爽層次；但若將高檔昂貴的松露用來烹煮日式壽喜燒，則其獨特味道反倒會被後者霸道的醬油味所掩蓋。如此看來，一事物的有用或無用，似乎取決於本身既定的價值，但實際上卻又不然。唯有與時俱變、因地制宜，轉換不同的思考模式，方可獲致不同的結果。

以魚鱗為例。對魚兒來說，身上的魚鱗如沙場上的戰袍寒甲，能提供最堅實的保護，而且還能像壓力感測器，具有偵測水流、判定方向的作用。但對人類而言，魚鱗既不能直接食用、久置後又腥臭無比，致使它長久以來只能被散落在市場的陰暗潮濕角落。然而，在創意激盪與科技發展之下，魚鱗被賦予了嶄新生命。殊不知，原本無人眷顧的魚鱗，久經熬煮後能產生豐富的膠原蛋白，科學家將之提煉後，成了價格不菲的美容聖品。此外，在醫界亦有人嘗試將魚鱗的膠原勝肽蛋白，用來引導、形塑其他細胞的生長，使之成為組織培養的基石，進而成為器官修復的新材料！如此看來，一般人原以為的無用垃圾，也有機會變身為炙

手可熱的有用原物料。

　　同樣的，對惠施無用的大葫蘆，反倒是莊子的渡河至寶；宋人的日常護手藥方，卻是外地客用以獲得封賞的憑依；一般購物不需用到的高深數學，卻有助於我們理性分析與邏輯判斷的訓練；本該丟棄無用的咖啡渣，卻成了紡織衣材中的除臭元素。可見，「有用／無用」的判準，關鍵就在如何理解與避免莊子所說的「拙於用」，因為莊子點出了一般人之所以見解狹隘、沒能善加發揮各種事物本具特質的原因，乃是自身受到了固有意識的束縛所致。換句話說，有關日常生活中的各項事務，只要我們能去除成見，換個角度思考、跳脫原本的框架，就能得到不同於以往的結果。那麼，「有用」就不再只是「有限的定用」；「無用」反而竟能發揮「無限的妙用」！

範文賞析

　　首段以懸問句型起筆，直問讀者「有用」範圍及有效性為何，簡潔卻易引人思求其意。

　　次段承續問句，以「薄荷葉」及「松露」為例，意在導引出「有用／無用」的對比結果，事例敘寫能形象地論證觀點。關鍵更在隨後能以議論方式帶出寫作主旨：「所謂的有用或無用，端視能否與時俱變、轉換不同的思考模式；若能，則可獲致不同的結果」。藉由練達之筆觸與周全之思考，清楚闡述了個人立場。

　　第三段獨以「魚鱗」為例，先從「對魚兒的有用／對人類的無用」切入深究，卻筆鋒一轉落在美容及醫界來談，使得「原本的無用」即成了「炙手可熱的有用」。在取材上因善於掌握事物，再配合頗具匠心的措詞刻畫，故能完成有條不紊的論議結構，使得主題得以

迴環復沓、義出卓立。可謂在「中心論點確立後，得以展開清晰分論」的寫作示範。

最後結語，作者能提出自己的觀點並回扣題目文本所舉之兩事例，輔以合理論述與精當敘寫，自然收尾，可謂見解新穎、構思精巧，故而強化了文章的說服力。

第三節　圖表判讀類型

題目二十三

營業額，又稱營業收入、營收（Revenue），是指公司因商業活動所獲得之收入，通常是經由提供產品及服務所得。市值（market value）則是上市公司在證券市場上「市場價格總值」的簡稱，一般會以上市公司在相關證券市場上的收市價格作為計算基準，乘以其已發行的股份總數，而得出其市場價格總值。

下表為2017年全球幾個重要企業的營業額與市值：

企業	營業額（美元）	市值（美元）
Google	902.72億	1094.70億
Apple Inc（蘋果）	2156.39億	1071.41億
Amazon（亞馬遜）	1359.87億	1063.96億
Microsoft（微軟）	853.20億	762.65億
Nike	323.76億	317.62億
Coca-cola（可口可樂）	418.63億	318.85億
Ford Motor（福特汽車）	1518.00億	224.32億
McDonald's（麥當勞）	246.22億	202.91億

（資料來源：http://brandirectory.com/league_tables/table/global-500-2017、http://fortune.com/fortune500/list）

請分項回答以下問題。

問題一、：有甲生根據上述表格主張：「科技產業與傳統產業相較，前者發展較好。」請根據上表，說明甲生為何如此主張。文長限90字以內。

問題二、：新時代、新科技催生了許多新興產業，有人認為科技產業前景無限，應致力發展；也有人認為傳統產業在當今社會仍然十分重要，擁有不退流行的優勢。對於以上兩種不同的觀點，表述你個人的看法，文長限400字以內。

解題指引

問答題形式的試題必須針對問題回答，作答時要開門見山，無須鋪陳，才能扼要回答問題。

問題一、比較科技產業（包括Google、Apple、Amazon、Microsoft）與傳統產業（包括Nike、Coca-cola、Ford Motor、McDonald's）的營業額和市值，可知科技產業的營業額和市值普遍高於傳統產業。

問題二、題幹言及兩種觀點。觀點一：應致力發展科技產業。觀點二：不可忽視傳統產業。本題未要求擇一立場表述，作答時應稍事提及、回應兩種不同觀點，參考題幹表格，並結合知識見聞，提出一己觀點，務需邏輯自洽、言之成理。

範文

問題一：

　　由上表可知：科技產業（包括Google、Apple、Amazon、Microsoft）的營業額和市值均在700億美元以上；而傳統產業（包括Nike、Coca-cola、Ford Motor、McDonald's）除了Ford Motor營業額較高外，其餘企業的營業額和市值均低於500億美元。

問題二：

　　「科技始終來自於人性。」是故科技產業方興未艾、不斷創新；然新興技術並非提高人們生活品質的唯一途徑，傳統產業在現今仍十分重要。傳統與創新就如火車的雙軌，並行不悖，相輔相成。

　　以新興技術改造、加值傳統產業，可以讓傳統與創新迸出燦美的火花。製鞋、餐飲都是傳統產業，但Nike屢次以創新設計創下亮麗業績，麥當勞和可口可樂亦不斷致力研發符合各地風情的新口味。反觀福特汽車，雖營業額超過一千五百億美金，市值卻不到兩百二十五億，足見現代企業不能只走努力、打拼的老路。

　　我認為：當代企業最重要的未必是網路或科技，而是「創意」。如Amazon以網路書店起家，而今其電商霸業幾乎囊括所有商品，並把實體零售產業攪得天翻地覆。然而，貝佐斯又再次以創意挑戰「書店」概念，虛實交替──在西雅圖開設「實體」書店，融合網路商店元素與實體店面購物的體驗。

　　若能善用創意，也許就能在傳統中找到新價值、從危機中發現新契機，結合傳統與創新，俾使人們迎向更美好的未來。

範文賞析

一、由於文長限90字，故以一段呈現即可。作答時必須秉持「有一分證據說一分話」的原則：首先交代證據來源，接著緊扣問題開門見山回答。同時發揮分析能力，歸納表格中之科技產業與傳統產業各有哪些，並用分號將答案表述得更有層次、有條理。再者，使用表格所給的數值（如700億、500億）做具體有據的比較分析，並仔細挑出特例（Ford Motor）說明，未一概而論，以示推論之翔實可徵、思維之鉅細靡遺。

二、題幹要求400字，為大作文形式，故需分段。

第一段：引琅琅上口的廣告詞暗扣題目的「創新」。並歸納統整、稍事提及題幹所述的有關「傳統與創新」之觀點。

第二段：先在段首明確表述一己論點：「以新興技術改造、加值傳統產業，可以讓傳統與創新迸出燦美的火花」。再以表格所見之Nike、麥當勞、可口可樂為正例，福特汽車為反例進行論證。最後在段末下一小結：「現代企業不能只走努力、打拼的老路」，呼應本段論點。

第三段：先在段首提出己見：「當代企業最重要的未必是網路或科技，而是『創意』」。由於前段已使用題幹所給的素材作為論據，故本段以一己知識見聞(Amazon)為例，展現旁徵博引的能力與對時代脈動的掌握，並進行論證，佐證一己論點。

末段：回扣全文，照應第三段的「創意」與題目的「傳統與創新」，以正面積極的期許作結。並以「傳統中找到新價值、從危機中發現新契機」等排偶句式展現文采、增加亮點。

> 你知道什麼是林下農業嗎？

當然，就是利用林地內的生態與環境特性，在林下栽植合適的耐陰性森林副產物，如藥材、食用菇類、水果、堅果及飲料作物等，在不砍伐樹木情況下，可以增加林農的經濟收入。

> 那目前台灣有在發展嗎？

台灣目前在南投縣魚池鄉的林業試驗所蓮華池研究中心，有130公頃30年以上杉木造林地，當這些杉木林逐漸老化，森林底層騰出的空間，只要進行適度疏伐與整理，選擇適合的森林副產物為標的，以農林混合經營概念即可施行「林下經濟」作業。林下經濟的經營採用國際森林認證標準，以檢驗管理經營活動對林地的影響，未來的產品可以透過認證來提高價值，也可兼顧環境生態與碳吸存的效益。

> 可是台灣發展林下農業有什麼優勢嗎？

在有效管理之下，林下經濟的發展更可以達到兼顧環境、社會、經濟等永續林業發展。例如咖啡與茶葉是國內飲料市場重要原料，根據財政部統計，每年自國外進口咖啡超過2萬公噸，可創造近600億元市場產值，但國產咖啡年產量約824公噸；國內茶葉市場每年需求超過4萬公噸，可創造近1,500億元產值，但國產

茶葉年產量僅約1萬4千多公噸，因此咖啡與茶葉在國內市場均有相當大的成長空間。杉木林經適度整理後，林下種植咖啡及臺灣山茶，初期存活良好，樹木提供苗木適當遮蔭效果，森林內穩定的溫溼度，也可以降低林下作物用水需求，可生產無汙染且高品質的飲料原料，提供健康優質的山珍，增加林農的收入。

太好了，那我們一定要全力發展囉！

可是啊……林下經濟的發展，常讓人聯想到林地濫墾，國內推行現況與面臨的挑戰為長久以來臺林業界缺少混農林業經營的相關研究，只有各地個體農戶小範圍的零星栽植，如阿里山的林下山葵及各地區林下山蘇、段木香菇栽植。為了解決國內推行林下經營森林副產品的行為是否符合森林法所指「林業使用」的法源問題，目前林務局也已洽內政部評估於非都市土地使用管制規則第6條，增定林業用地之容許使用項目納入林下養蜂、段木香菇或木耳、金線連及山胡椒等作業規範之可行性。相信在不久的未來，國內林地林下經營森林副產品的相關規定將會更明朗化。

—（摘錄自《行政院農業委員會林業試驗所》網頁）

臺灣的森林資源十分珍貴，而近年來社會大眾對於濫墾濫伐議題的重視，也反映出大家對於山林資源保護的關注。隨著經濟的發展，開始有人對於森林資源的利用提出更多見解，試藉著以上提供的資料分析林下農業的利與弊，作文一篇。

1. 可藉由分析過去山林開墾的模式造成的危害與利益，和林下農業模式做比較。
2. 對於林下農業所帶來的經濟效益和可能造成的環境危害，可作正反兩面的評估。
3. 藉由以上的比較分析後提出自己的見解（認同或反對）。

範文

我對林下農業的看法

　　臺灣的森林資源豐富而珍貴，走進臺灣美麗的山林，能看見寒帶至熱帶多樣化的、蒼翠的植被和豐富的動植物生態，這是我們珍貴的寶藏。森林能夠涵養水源，孕育多種多樣化且獨特的生物，森林也提供木材、高山作物及美景觀光等資源，除了我們相當熟悉的木材業、高冷蔬菜等農產品之外，其實，還有一種新的農業型態，蘊藏著更多的經濟效益，這便是目前政府要推廣的林下農業。

　　什麼叫做林下農業？以南投縣魚池鄉的林業試驗所蓮華池研究中心為例，30年以上杉木的造林地有130公頃，當這些杉木林逐漸老化，森林底層騰出的空間，只要進行適度疏伐與整理，以農林混合經營概念，選擇適當的森林副產物，就可以施行「林下經濟」作業。像咖啡與茶葉，在國內市場需求占據相當大的比例。杉木林經過疏伐、整理後，在林下種植咖啡及臺灣山茶，初期樹木可以提供苗木適當遮蔭效果，而森林內穩定的溫溼度，也可以降低林下作物用水需求，可生產出無汙染且高品質的飲料原

料，增加林農的收入。

　　但是近年來，隨著夏季強降雨的天氣型態，許多山林遭受到嚴重破壞，土石流、山崩造成的破壞及人員傷亡，警惕大家須重視山林環境的保護。曾幾何時，許多人對於夏季進入山中度假休閒的歡樂回憶，已轉變爲在暴雨泥流中倉皇奔逃的恐怖經驗，每一年的夏季，只要大雨一下，山區的居民都須做好避難的準備，山林的環境岌岌可危，還能做其他的開發嗎？

　　林下農業所面臨的挑戰，不只是對環境開發的疑慮，還有長久以來臺灣林業界缺少關於混農林業經營研究，只有各地農戶小範圍的零星栽植。以及森林法「林業使用」的法源問題，爲了解決這些疑慮，林務局也要對於使用法規訂定明確規則，及進行合理的控管。希望在不影響林木生長、不干擾林地、不施化學肥料與農藥之慣行農法的前提下發揮林下農業對生態、經濟、社會等多重效益。

範文賞析

　　在文章內容立意部分，要先確立自己對此題目的立場爲贊成或反對，並要清楚陳述自己的理由，而另一方的缺失也要指明，來加強自己的論點。修辭部分可使用映襯來強化自己的論點，在結構部分需說明、論述並重，說明林下經濟的內容及影響，論述部分的篇幅最好比說明部分多，而且立場要明確，如果持中立的立場，則正反雙方的論點篇幅需均衡。論述最重要的是你個人的見解，而此類題材部分因有關時事，平時需多關注新聞，可以多看幾家不同觀點的報導，再從報導中擷取資料，時時審思自己的看法，材料想法一多，便容易獲得靈感，文章內容才能夠充實。

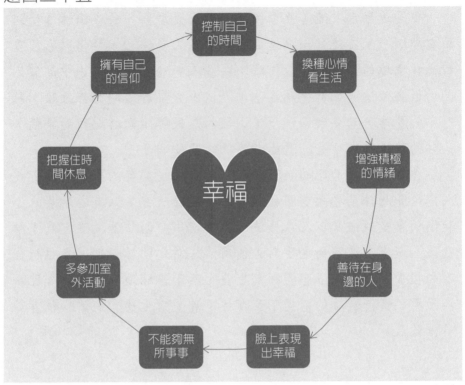

　　幸福是一種內心滿足的狀態，追求幸福乃人之常情，但是不同的人追求不同的幸福，因此，美國心理學家哈利・克賽特曾提出感受幸福的九個方式。請閱讀上面圖表，針對哈利・克賽特的想法提出意見，並闡述自己對幸福的看法。

解題指引

　　本題以圖表呈現，寫作者應聯繫圖與題目的要求，並針對美國心理學家哈利・克賽特提出的幸福感受方式，進行分析，論述其何以能帶來幸福感受？並進而提出自己對幸福的看法。因此，寫作本題要能

夠界定精神層面的幸福，使文章有深度，同時明確寫出幸福的指標，清楚闡釋幸福內涵，並提出看法。

範文

　　人終其一生都追求著幸福，而幸福是主觀的，當人認為目前生活是自己想要的、愉快、美好的，那就是一種幸福感。幸福可以是一抹微笑、一句關懷，甚至一場雨或一朵花。通往幸福的方法因人而異，我認為「換種心情看生活」以及「善待身邊的人」是最重要的。

　　提升幸福感大多必須反求諸己，改變自己的心理狀態或者活動，而非改變外在的環境。唯有換一種心情看生活，透過改變自己內在想法及生活習慣，才能真正感受到幸福。曾經我也封閉自己心扉，眼中只看得見考卷上的數字和成績單的排名，我認為只有名列前茅才是幸福的代表。然而這樣的生活態度卻使我感受不到幸福。直到某一天我與家人共遊山林，這一刻忘卻了那些惱人的數字，那種心寧的平靜感原來就是幸福。過去我忽略了生活中許多的美好的時刻，放慢腳步，用另一種心情看生活，才能感受到幸福。

　　有時候幸福感除了反求內心外，也可以從他人身上獲得。這並非是說要求別人對你付出，反而應該是善待他人，托爾斯泰曾說：「為了做一個幸福的人，應該多行善事。」從幫助他人中獲得滿足感，從親友臉上的笑意中獲得幸福感。被需求感以及幫助別人的成就感，就是一條通往幸福的道路，莫怪乎古人「若行善則不可不癡」，因為從中找到了幸福。

　　幸福，是從「心」出發，用心感受這個世界的各種美好時

刻，並且將能夠伸出援手，使他人和你一樣往前進，這就是通往幸福最好的方式。

範文賞析

　　本文首段先說明人人都渴望幸福但每個人所認為的幸福卻大不相同，在哈利・克賽特提出的幸福感受方式裡，作者認為「換種心情看生活」和「善待身邊的人」最為重要。因此，扣住兩者分別進行論述，舉出自己生活中的實例，說明其看法，以回覆題目中的要求。最後扣住圖表內涵進行論述，指出自己對於幸福的定義，以總結全文，呼應首段。

題目二十六

　　「正向心理資本」指的是人在發展過程中，所展現的正向心理狀態，能夠表現出能把事情做好的自信心，對事件樂觀看待，並有從種種逆境中復原的能力，以及具備願景以期有更好表現。

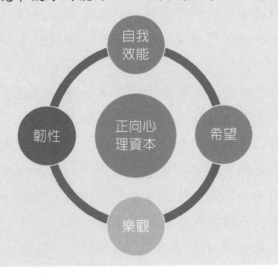

> 　　由一般世俗的看法衡量，蘇東坡畢生坎坷多不好。蘇東坡今生的浩然之氣用盡。人的生活也就是心靈的生活，這種力量形成人的事業人品，與生面俱來，由生活中之遭遇而顯示其形態。
>
> 　　在讀《蘇東坡傳》時，我們一直在追隨觀察一個具有偉大思想，偉大心靈的偉人生活，這種思想與心靈，不過在這個人間世上偶然呈形，曇花一現而已。蘇東坡已死，他的名字只是一個記憶。但是他留給我們的，是他那心靈的喜悅，是他那思想的快樂，這才是萬古不朽。
>
> 　　　　　　　　── 摘錄自林語堂著／宋碧雲譯〈蘇東坡傳〉

　　正向心理學是近年來熱門的話題，古人雖然沒有科學化的心理學理論，但綜觀古今文人在面臨人生各項情境時，卻總是展現出許多正向心理資本的面向。請閱讀上文關於蘇東坡的描述，以上圖正向心理資本的特質進行分析，說明蘇東坡具備其中何者。

解題指引

　　本題爲理論及其應用的題目。寫作者應先就圖文中的正向心理學內涵進行理解與掌握，進而閱讀林語堂的《蘇東坡傳》，運用正向心理資本的特質予以分析。所以，寫作者要能夠根據正向心理學的內涵與所學蘇東坡的生平做結合，並發表自己的看法。

範文

> 　　「莫聽穿林打葉聲，何妨吟嘯且徐行。」大文豪蘇東坡的瀟灑是眾人皆知的，他面對仕途中種種大起大落，烏臺詩案幾度貶官，都能夠保持著瀟灑、不以物喜悲的「也無風雨也無晴」，這

樣的境界著實令人傾倒。現代許多心理學將這樣的「豁達瀟灑」稱之為「正向心理學」。

「正向心理學」中的「正向心理資本」的幾項概念：自我效能、樂觀、韌性，東坡居士都堪稱代言人。東坡幾次出仕杭州，並不因處於江湖而非廟堂就灰心喪志，反而積極治理杭州西湖，留下了蘇堤等千古風月名勝，〈喜雨亭記〉寫到大雨三日而止，憂者以喜，病者以愈，也顯現出地方官的父母心，這都展現了東坡積極作為的自我效能。東坡總是保持著樂觀的人生精神，對未來保持希望，即便與親人分隔兩地，也能寫下「但願人長久，千里共嬋娟」的未來憧憬，這樣樂觀的態度令人佩服。

東坡最為人稱道的莫過於「韌性」了，這是人們熟悉的曠達超脫形象，能順處逆境，視貶謫為遊，以貶謫之地為「故鄉」，即便「長恨此生非我有，何時忘卻營營？」心中有許多抱負未展，就遭遇貶謫，但他仍然不被擊倒，在心靈上保持一種超然的態度，既然不能在政治上有所發揮，便寄情於山水詩酒之中，江上之清風，與山間之明月，取之不盡，用之不竭，以此舉酒屬客，誦明月之詩，歌窈窕之章。這是何等的豁達與韌性！

人心不古，古人今人若流水，共看明月皆如此。欣賞古人情懷，不應貴古賤今或賤古貴今，然「今世說新語」方法也是另一種有趣的角度，用今日的理論去欣賞東坡的曠達情懷，令人情趣無限。

範文賞析

本文分為四段。首段以蘇東坡作品展開全文，並以其一生遭遇直指其人生態度「豁達瀟灑」，能符應現今正向心理學的特質。第二、

三段分別就東坡符應之處，結合林語堂《蘇東坡傳》以及東坡相關知名作品與事蹟，論述其原因。結尾陳述以現今理論認識古人更，有其情趣，能呈現出古人不同的面向與情懷。本文結合理論，並能以詩作相應和，更顯其論述具有說服力，使人認同。

第四節　自我練習

★牛刀小試一

　　許多人愛吃，在經過一天勞碌的工作、學習後，最期待的就是家中美味的晚餐，周末假日也許多人喜愛出遊，品嘗各式美食，或是逛逛夜市吃小吃。食物安撫腹中飢餓，帶給人心快樂的感受，其心靈療癒的力量不可小覷。但是你可曾思考，這些美味的食材從何處來，它們的生產、製造過程是甚麼情況？

　　2009年，奧斯卡最佳紀錄片入圍的其中一部《美味代價》，揭露了大眾所忽視的食品生產過程，餐桌上的雞肉、牛肉製品來源，不是我們一般想像中牛群漫步、雞群啄食的畜牧場景象，而是高度密集的飼養環境，讓這些家禽、家畜根本沒有活動的空間，雞隻們就縮在小小的籠子中一直被餵食，直到夠大、夠肥，可供宰殺的那一天。高度密集的養殖造成疾病容易急速傳染的問題，為了防止雞瘟讓雞群大量死亡，飼養者必須施打藥劑防止雞隻生病，又施打生長激素以加快雞隻的生長速度。快速、追求效率的飼養方式養出一批批飼料雞，進入市場成為我們口中的佳餚。自然，這些藥劑、生長激素也進入我們的體內了。也許你說，這些激素和藥劑會被代謝掉，但是這些工廠集中化、機械化

大量生產出的雞肉，眞的具有營養嗎？

　　另外，這部紀錄片揭發了一項嚴重的問題：我們對於現代工業化的飲食生產過程常常是被蒙蔽的，生產者爲了應付大量的消費需求，選擇了機械化、密集化的生產模式，但是生產的產品吃下肚後，眞的是有益健康的嗎？

　　目前的食安問題不斷，造成社會的恐慌。細究其背後原因，不也是因爲企業爲了大規模、快速地生產而採取了便捷的方式，反而讓消費者身受其害。飲食攸關身體健康，如果消費者自己不謹愼選擇。那麼就是把自己的健康放到不肖業者手中，任人宰割了。

　　現今社會我們要買到美味的食物十分方便，但是消費者對於食物生產的來源及過程常常是被蒙在鼓裡的，如果食物的生產過程出了問題，我們卻缺乏警惕，最後的受害者仍是我們自己。請以「美味的代價」爲題，寫一篇文章，分析上文所提出的現象，並就目前的食安問題提出你的見解。

★牛刀小試二

1. 曾有教育研究者探討身爲班級的「雞首」或「牛後」，如何影響學生學習的狀況。研究者依照「大魚小池效應」理論（類同「雞首牛後」的概念），認爲學生每天與班上的同學一起上課、學習，所以班上其他同學的表現，將成爲個人評價自己的學業表現的重要依據，進而影響其未來的學業發展：在班上名列前茅（雞首），會讓人對於增進學業表現更有自信；反之，落後的班級排名（牛後）則減損個人自信。然而，「牛後」卻

也同時意味著優秀同儕的正面影響，這意味著，除了考量同儕能力外，學生在團體中的「排名」對其學業能力也是同等重要。這個研究中發現：對程度較低的學生來說，排除了同儕平均學業能力的影響後，身為雞首有相當大的正效應；反之，對程度較好者，雞首卻有負影響；於此同時，同儕平均學業能力的確對所有人都有正面影響，但對程度較低者影響更強。

——節選自陳婉琪、鄭皓駿〈寧為雞首，不為牛後？班級排名對個人學業的影響〉教育研究集刊第六十三輯第一期p.1

2. 有一個剛剛退伍的男生希望進一家外商公司，他在與該公司主管面談時，對方問道：「你認為自己是一個領袖人物嗎？」他捫心自問，覺得自己的個性實在不適合發號施令，於是就誠實的回答說：「不」。當時，他心想自己是不可能被錄取了。

出乎意料的，他收到這家公司的錄取通知，上面寫道：

我們審查過所有的履歷與面談資料之後發現，如果全數錄取的話，今年將會多出一千四百五十二個領袖。於是我們決定只錄取閣下，因為我們認為這些領袖至少需要有一個屬下。

「寧為雞首，不為牛後」是一般人共同認同的價值，請仔細閱讀上述二則引文後，以生活中的所見所聞為例，提出個人的看法，作文一篇。

★牛刀小試三

一、白居易〈買花〉

帝城春欲暮，喧喧車馬度。共道牡丹時，相隨買花去。

貴賤無常價，酬直看花數。灼灼百朵紅，戔戔五束素。
上張幄幕庇，旁織巴籬護。水灑復泥封，移來色如故。
家家習爲俗，人人迷不悟。有一田舍翁，偶來買花處。
低頭獨長嘆，此嘆無人喻。一叢深色花，十戶中人賦。

二、

　　「牡丹熱」是唐代歷史上一個重要的社會現象。「牡丹」從
原本的觀賞花卉，到後來儼然成爲個人身份地位的象徵，爲了追
求他人的認同或肯定，當時的整個社會，上至皇親國戚，下到平
民百姓，爭先栽種、搶購牡丹，形成了特有的「牡丹熱」文化。

　　在這樣的社會風氣影響之下，稀有的品種被視爲珍寶，甚
至一盆牡丹的價值抵得過十戶中產人家的稅收。此特殊的現象慢
慢使得牡丹成爲富貴的象徵，因此，擁有稀有牡丹也是財力的顯
現，爲了達到社會認同的結果，人們前仆後繼，爭相收藏。

　　請仔細閱讀上述引文，說明「牡丹熱」文化形成的原因以及對社
會風氣的影響，並討論現今生活中，人們追求某些事物的狂熱現象，
進而提出自己的見解。

2016年我國領域排名

面向	領域	排名	燈號
綜合指數		16	
物質條件生件	居住條件	9	
	所得與財富	2	
	就業與收入	13	
生活品質	社會聯繫	13	
	教育與技能	21	
	環境品質	35	
	公民參與及政府治理	20	
	健康狀況	11	
	主觀幸福感	22	
	人身安全	6	
	工作與生活平衡	22	

資料來源：行政院主計總處。
說明：燈號依據OECD「How's Life? 2013」報告，
排名分為前20%、中間60%及後20%三種。
● 代表標準化分數居前20%（1～8名）
● 代表標準化分數居中間60%（9～31名）
● 代表標準化分數居後20%（32～39名）

2016年我國國際指標排名

面向	領域	指標	排名與燈號
物質生活條件	居住條件	平均每人房廳數（含客、餐廳）	19
		居住消費支出占家庭可支配所得比率	3
		無基本衛生設備的比率	1
	所得與財富	每人可支配所得（PPP）	10
		每人金融性財富（PPP）	2
	就業與收入	就業率	24
		長期失業率	5
		全時受僱者平均年收入（PPP）	6
		勞動市場保障性不足	16
生活品質	社會聯繫	社會網絡支持	13
	教育與技能	教育程度	24
		預期受教育年數	28
		學生認知能力	3
	環境品質	空氣污染	
		水質滿意度	30
	公民參與及政府治理	投票率	24
		關係者參與	16
	健康狀況	零歲平均餘命	26
		自評健康狀態	9
	主觀幸福感	自評生活狀況	22
	人身安全	加害（他殺）標準化死亡率	12
		安全感	6
	工作與生活平衡	受僱者工時過長比率	27
		每日休閒與生活起居時間	15

說明：燈號同「我國領域排名」之說明。

————轉引自主計處〈國民幸福指數統計〉

　　請分析上面兩圖，說明臺灣目前國民幸福感受為何？並闡述依圖所示，產生何種現象與待解決的問題。

第一節　長文閱讀類型

題目一

　　理想的下午，宜於泛看泛聽，淺淺而嘗，漫漫而走。不斷地更換場景，不斷地移動。蜿蜒的胡同、窄深的裡巷、商店的櫥窗，就像牌樓一樣，穿過便是，不須多作停留。博物館有新的展覽，如手杖展、明代桌椅展這類小型展出，或可輕快一看。

　　走逛一陣，若想凝神專思片刻，見有舊書店，也可進入流覽。一家逛完，再進一家。有時店東正泡茶，相陪一杯，也是甚好。進店看書，則博覽群籍，不宜專守一書盯著研讀。譬似看人，也宜車上、路旁、亭下、河畔，放眼雜觀：如此方可世事洞明而不盡知也。

　　……

　　理想的下午，要有理想的街頭點心。以使這下午不純是太過清逸。紐約的披薩、熱狗顯然不夠可口；一杯Egg Cream（巧克力牛奶冰蘇打）倒是解渴沁脾。羅馬、翡冷翠的甜點蛋糕，鮮潤振人心神，口齒留香。臺北的蔥油餅，員林的肉圓，王功的米糕

冰棒，草屯的蚵嗲，北京的烤紅薯，也是好的。最要者，是能邊走邊吃。

—— 節錄自舒國治〈理想的下午〉

閱讀上列文字，依序作答：

1. 問題一：作者對於理想的下午有不同面向的描述，或從走覽閱讀，或從點心品嚐，請仿此文，描寫自己最理想午後時光的生活情趣。

2. 問題二：文中作者認為理想的下午宜漫漫而走，不斷更換場景與移動，要放眼雜觀，方能洞明世事而不盡知；也要有理想的街頭點心，邊走邊吃之際，目的使午後時光不純為太過清逸，你有怎樣的詮釋？

解題指引

本題的題目設計是採用問答的方式依序作答，因此同學必須要將題號標示清楚。

雖然是問答題，但是必須使用完整的段落寫作，不可視為簡答，要將個人的情致清楚地表達出來，也必須清楚詮釋題目的問題。

問題有兩點，條列說明如下：

1. 問題一：本題為「仿作」，同學必須掌握舒國治在〈理想的下午〉一文中描寫的技巧，以及在文字背後所呈現出的個人生活情趣。

2. 問題二：本題為文意理解與說明，問題有兩大方向，同學必須掌握清楚，一是漫遊與洞明世事的關係，二是為何邊走邊吃的點心最重要？同學可依自己的想法做完整的論述。

範文

一、

　　理想的下午，宜於談天聚會，侃侃而聊。要有理想的地點，理想的好友，配上理想的美食，以使聊天除了能填補心靈外，還能填滿口腹之欲。理想的好友必須是小時玩伴，大家就讀不同的學校，在晴朗的午後相約聚集在一起分享近況；理想的地點必須是簡餐店，有各種餐點滿足每個人的喜好；而好的聊天內容，則必須是一起笑鬧著童年的糗事，一起咒罵著高中課業的壓力，一起談論所謂少年維特的煩惱，一起對茫然無知的未來慨嘆著。然而最重要的是，窗外的夕陽灑落一片，似乎在為我們這一行人的友情做註解，不那麼濃烈卻也溫暖彼此相互牽絆的情誼，而在黑夜來臨之際，總該彼此告別，彷彿為即將逝去的青春哀悼，也同時為即將迎來的挑戰作準備。

二、

　　作者理想下午是帶有一種閒遊的情致，漫無目的的遊走，讓五官盡情感受日常生活的一切，搭配週遭不斷變化的場景，瀏覽與漫走是一種自我孤獨的享受，不拘世俗眼光的限制，是自由的浪漫，一種漂泊浪遊的氣息，洞察萬物，照鑑世人百態，「萬物靜觀皆自得」，不必刻意探究，卻也能讓人心富足，方如作者所言「如此方可世事洞明而不盡知也」，在遊走中不斷體察平凡沖淡之美。

　　因此午後時光，邊走邊吃的點心最適合了，不必將自己侷限在一方桌子的空間享用美食，整個宇宙就是作者的餐館，他將自身投入自然之中，品嚐著帶著走的美食，在走路之際，也同時滿

足了味覺的感動，因爲那是來自街頭的美味，一種庶民日常生活的氣息，既不奢華，卻也不簡單啊！

範文賞析

關於本篇的架構採問答方式，必須依序回答問題。

以問題一而言，雖然書寫自己理想的下午，而且設定爲「仿作」，同學就要掌握文本的寫作手法，以一段作爲創作的主體，或者像作者分段描寫各種不同生活相貌的理想下午，其實都是可行的。但是最重要的是，不可僅就自己在午後做了什麼事情大量的說明，淪爲流水帳，必須留心所要描寫的核心情感是什麼？如範文呈現的就是如此，抓到朋友之間的聊天，進而討論出友誼出來，最後以夕陽作爲友情的象徵，更加呼應題目。

以問題二而言，就要掌握題目問的題目，有條不紊地陳述詮釋自己的想法，如同範文所寫，它掌握舒國治「漫遊」的內在精神，搭配問題做闡述，但是並不流於簡答的形式，而是將文本做融會貫通的理解與詮釋。

同學在做理想下午的取材時，仍可以從日常生活的經驗著筆，可以是與一群人的相處，也可以是自己的獨處，總之，多留意週遭的生活樂事，方能增添創作的好材料。

題目二

書，是從古至今人類智慧的結晶，讀書讓我們獲得知識、得到心靈的富足，唐代大書法家顏眞卿在《勸學》詩中寫：「三更燈火五更雞，正是男兒讀書時。黑髮不知勤學早，白首方悔讀書

遲。」這首詩主要在勸勉人們要趁著年少時候勤奮讀書，詩句中一開始用「三更」代表深夜、「五更」表示清晨，利用時間的對比強化惜時的重要，句末再以「黑髮」與「白首」告誡少年惜取時光、並珍惜青春，不要等到上了年紀白髮蒼蒼時，才後悔虛度年少時讀書的好時機。

宋代理學家朱熹也曾寫下七言絕句《偶成》：「少年易老學難成，一寸光陰不可輕。未覺池塘春草夢，階前梧葉已秋聲。」同樣強調珍惜光陰，這是用自身感悟告戒年輕人的經驗之談，並強調人生易老，學問難成，因而必須愛惜光陰。詩句中以「易老」、「不可輕」，加強惜時之重要，並說明應該珍惜自己年少的時光，努力學習，切莫讓可貴的時光從身邊流逝。再以貼切、細膩的筆觸，用「春草夢」、「梧葉已秋聲」來比喻光陰瞬間流逝，明確又清楚地表達倍增勤勉的力量與印象。

對於讀書，每個人都有不一樣的體悟與過程，有人讀書如沐春風像是一種滋養，享受著那份智慧結晶的碩果，倘佯其中手不釋卷。有人讀書不畏環境艱辛、堅持理想突破困境，獲得自我理想的實現。讀書這條路，就像是生命的旅程，你永遠不會知道下個轉彎處的風景是不是你預期中的樣貌，然而，可以確定的是，它會成為你生命中的養分，讓心靈茁壯。

讀書過程苦樂參半，如人飲水冷暖自知。請依照上述引文，寫下你對「讀書的感受與體會」的作文一篇，並具體描述自身的經驗。

解題指引

　　本題透過材料的說明，讓學生檢視自己對讀書進行客觀與主觀的剖析，進而產生自我認識的能力。藉由自身對讀書苦樂的感受，進行思辯與聯想，並將過程用文字描述，使感受獲得深刻的體會。

　　本題要求以「讀書的感受與體會」為題，將自身求學經驗做檢視，在審題與立意時，先以求學中所面臨到的具體事件做描述，可試著從以下方向撰寫：

1. 讀書是持續性的過程，會面臨挫折，也會遇到順境……
2. 可將讀書遭遇過的經驗，做詳細的描述……
3. 將自己的領悟與體會以正向的態度面對……

　　注意此題應將具體經驗以客觀的心態描述，避免無自信或抱怨的言詞出現。

範文

讀書的感受與體會

　　讀書，對我來說是一件看似輕鬆卻不輕鬆的事，看似艱辛卻也不到艱辛的程度，說起來可真矛盾！我認為讀書就是要時而輕鬆、時而困難才會有讀書的動力，如果一直都很輕鬆，那就會使人變得怠惰。相反地，一直都很困難卻又會讓我想逃避，但也因為努力地突破困難，考了理想的成績，才會讓我覺得讀書是件有趣的事情。

　　從小我並不是一個愛讀書的人，常常在書桌前耗上好幾個小時，但隔天依然拿到一個不起眼的成績。時常我都會問我自己已經很努力了，為什麼還是得不到應有的成績？直到有天媽媽將我

送到了安親班，我遇到了生命中重要的啓蒙老師。

　　她教導我讀書要善用技巧，而不是死背硬記，適時地動動腦袋，靈活運用，才會有效率又精確。在她的細心教導下，我不僅僅對讀書充滿了信心，也因此拿到我應有的成績，從前的我認爲只要花很多時間在讀書上就可以成功，但現在的我認爲只要拿捏好適合自己的讀書方式，成績自然而然會達到理想。

　　讀書的過程我就像一塊海綿，讓自己永遠充滿著養分，卻不知道該如何消化，這樣心急的態度導致後續的失敗。因爲有了啓蒙老師的教導後，讓我知道要如何變成一塊善用時間、選擇對的方式消化知識的海綿。讀書的過程並非一帆風順，也因爲那些挫折讓我有「不經一番寒徹骨，哪得梅花撲鼻香」的感觸。讀書是一件值得令人玩味的事，過程中難免會有想放棄的時候，但當你歷經一番波折後，必定會享受到甜美的果實。

範文賞析

　　範文分四段，以基本的起、承、轉、合進行書寫。第一段直接說明自己的讀書經驗，點出讀書需要努力的過程。第二段說出自己因爲讀書不得要領而沒有好成績，因此報名安親班想解決成績不理想所產生的困擾。第三段發現自己的問題後，經由老師的引導，知道該如何改善，同時產生了信心。最後在第四段時，將自己比喻成一個海綿，一開始對知識全盤吸收，反而導致不知如何消化。經由老師的教導，瞭解如何運用時間消化所學，在讀書的過程中，雖非一帆風順，但因爲有挫折才懂得「不經一番寒徹骨，哪得梅花撲鼻香」的感悟。

　　從寫作技法來看，文章首段以寫實的方式描述自己的真實經驗，在修辭技巧上運用了譬喻如：「讀書的過程我就像一塊海綿……」說

明了自己的心境，並點出努力付出、堅持到最後必定能夠享受甜美果實的體會。

題目三

　　唐朝學者陸羽從小是個孤兒，被佛寺的師父帶回去收養，由師父教授讀書認字，但陸羽不願意修習佛法，更不想剃度修行，一心只想離開寺廟，下山讀書，專心修習儒家思想。卻遭到廟裡師父極力反對，於是師父給了陸羽一項任務，就是晨起學習沖茶，若能得到師父的肯定，便能離開寺廟。

　　為了能早日下山，陸羽將「煮茶」視為一項任務，每日總是急忙起床，再取淨水烹茶，從不注意茶香、茶色、茶溫，一晃眼幾年過去，也未曾讓師父肯定。後來有一位老婆婆聽聞此事，特地到寺廟觀察陸羽泡茶的方式，發現陸羽沒有掌握要領，便開始費心指導陸羽煮茶、品茶的技巧，見他總是急躁毫無定性，便給予做人行事的品德規勸，將陸羽原本急躁的性情徹底改變，使他成為知書達禮的少年。

　　某日，陸羽將剛砌好的茶恭敬地端到師父面前，並謙和有禮地退到一旁等候師父將茶飲盡，這樣的表現，讓師父發現陸羽已經有了極大的轉變，於是答應了陸羽下山讀書的請求。

　　讀書期間，陸羽依然繼續鑽研茶學，花費了十多年的時間寫下了《茶經》一書，內容精簡扼要，全書約七千多字，分上、中、下三卷十章，書中提倡「精、行、儉、德」的基本素養。其中「精」的意思是凡事要認真、專心、才能精益求精，「行」是指品性與操性的實際作為，「儉」是精神品質的內涵，凡事不鋪

張浪費，「德」代表仁愛、善行的君子風度。這是茶道思想的内涵，透過飲茶的過程，讓自己成爲具有高尚品德、簡樸實在的人。而這本書也成爲後世茶學的典範。

　　根據上列文字描述，陸羽的努力與堅持實現了自己的理想，並完成了曠世經典之作《茶經》，請你將陸羽所經歷的事件，用心琢磨思考，以「追求理想」爲題，寫一篇文章，詮釋陸羽對鑽研茶學的努力，並抒發你的感想與啓示。

解題指引

　　本題透過閱讀理解將文章中的意涵與自我經驗做連結，進行自我反思的激盪與感悟。題目材料中的主角陸羽自幼成長在佛寺中，對自己的未來有目標與理想，於是主動爭取機會，也願意接受佛寺師父的考驗，得到認可後才下山追尋儒家思想的薰陶。並在讀書期間，繼續鑽研茶學，寫了世界上第一本記載茶書的著作《茶經》，成爲後世的典範。

　　本題要求以「追求理想」爲題，先以引文中陸羽的故事爲起點，將其材料中的意旨做整理，並以自身的體悟與經驗融和於其中，接著可以下列方向著手書寫：

1. 在成長過程中，是否曾經爲了理想而努力，例如追尋興趣而放棄休息時間，爲了能夠達成理想……

2. 爲了理想，雖然受到挫折，但依舊堅持著，不輕易的妥協或是放棄……

3. 努力堅持後，看見自己理想中的成果，一切都是值得的……

　　注意文句中，不出現負面的情緒與口氣，同時要具有正面的思考

方向，才能符合題目要求。

範文

追求理想

　　人的一生中，隨著年齡的增長，所追求的事物也會跟著不同，剛出生的我們追求的是吃飽喝足，當我們到了讀書的年紀時是追求著成績的好與壞，而當我們出了社會則是追求一份安定的工作以及成家立業吧！當這一切的任務都達成後，我們又會開始找尋自己內心渴望的事物，進而完成自己的理想。

　　什麼是理想呢？每個人的理想都因個性環境的不同，而有很大的差異。就像唐朝學者陸羽從小因為不想要剃度修行，而接受了師父的考驗，原本對茶一竅不通，把煮茶視為一項任務，每天早起煮茶只是為了應付師父。後來因為老婆婆的幫忙而變成了茶聖。老婆婆不僅僅改變陸羽對茶的看法，同時也改變了他急躁的個性，因為喜歡茶、了解茶，最後變成鑽研茶，花了十幾年寫下《茶經》，我想這就是陸羽厲害的地方吧！

　　我的一生也在追求心中的理想，從小就喜歡與家人們一同出遊，每當出遊前夕總是興奮無比、期待天明。所以我的理想是當一位空服人員，在工作中服務每位要前往世界各地的旅客，享受服務他人的感覺，因為我相信施比受更有福！每當得到他人熱情的回應，對我來說就是一種感動。同時，我也能因此到世界各地旅行，體驗各國不同的風俗民情，透過人際互動，了解多元文化下的世界。

　　每個人都有權利去追求自己的理想，追逐夢想的路途艱辛，

那些支持你的人或者反對你的人，終將成爲你的墊腳石，勇敢地一步一步朝著自己的夢想邁進吧！

範文賞析

　　範文分四段，先說明人生不同階段的追求都是不同的任務，接著再描述材料中的主角陸羽努力的過程，緊接著將自己的理想詳加描述，並保持樂觀勇敢的態度追求理想。因此，第一段一開始描述出生、求學、工作三個階段所追求的事物皆有所不同，並逐一寫出自己的想法與感受，接著，第二段以自問自答的方式，加強材料中主角陸羽對理想的實踐與堅持。第三段寫出自己對未來理想的追求，起源是因爲與家人共度的旅遊時光，而發現自己的志趣，最後勉勵自己不畏艱難，朝著夢想邁進。

題目四

　　生活即是一種風景。

　　隨著四季的更迭，萬物以不同的姿態進行變化，周遭的景色與身邊的人、事、物都在無形或有形的軌道上漸漸改變。不論你是否同意，生活的變化一直在進行著，我們唯一能夠掌握的便是心境。

　　多一份付出，就會看見感謝；給一份尊重，就會看見包容，生活的陽光可以自己掌握，幸福的微笑能讓自己在陽光裡燦爛，在雨季裡感受溫暖。微笑像是一座燈塔，能指引迷航的心境；微笑像是沙漠裡的一片綠洲，使人看見生機，所以不論天氣多麼陰沉，只要在心中搭起一道橋，以樂觀的眼光看世界，任何事物都

是美好的。

　　巴勃魯・聶魯達（1904～1973）是智利當代著名詩人。從少年時代就喜愛寫作，他在〈你的微笑〉這首詩中寫下：「你需要的話，可以拿走我的麵包，可以拿走我的空氣，可是別把你的微笑拿掉。……」每個人在生活中，或多或少會遇上不同程度的挫折、困惑或是瓶頸，有些無法言語的心情，或是難以啟齒的感傷，都只是一時，並非永久。當你面對黑夜，記得等待黎明；當你面對困難，記得學會堅強，當遇上冷漠與不解，委屈和失敗時，別忘記給自己一個微笑，昂首挺胸，讓自己可以繼續向前走。即使生活上出現了雨天，我們也可以讓微笑代替陽光，至少在心灰意冷時，擁有自己溫暖的笑容陪伴，讓陰霾的心情一掃而空。

　　根據引文所述，以自己的感受用心思考，詮釋文章中微笑所蘊含的意義，並以「微笑的力量」為題，寫一篇文章，抒發自己的經驗與感受。

解題指引

　　本題透過材料中的說明，引導學生透過自身經驗與接觸過的事件做正向思考，當遭遇到委屈與失敗時能夠堅強面對困難，並給自己一個「微笑」，產生對自我的肯定，進而連結材料意旨，寫出自己的生活體驗。

　　本題提供材料為引言，並要求以「微笑的力量」為題，完成一篇文章。材料中，以詩人巴勃魯・聶魯達的詩句：「你需要的話，可以拿走我的麵包，可以拿走我的空氣，可是別把你的微笑拿掉。……」

做引導，可在審題與立意時，將這種意念與生活經驗做結合，並以下列方式進行寫作：

1. 以自己的生活經驗做一個串連，提出想法與體會……
2. 在生活中一定會遇見不順心或是挫折，但必須有一個堅毅的信念……
3. 學會對周遭事物以正向的心念對待，即能夠發現處處是美景……

　　此文要寫出生活上的經驗及事件，透過所舉的事例來加強自己的觀念與想法，才能寫出本題主旨及範圍的要義。

範文

微笑的力量

　　世界上的語言有千百種，而微笑就是人類最簡單也最熟悉不過的共通語言。我常覺得台灣最美的風景就是「人」，因為他們總是富有濃濃的人情味，從早餐店的阿姨到深夜食堂的大叔，他們共通有的就是那熱情的招呼聲和從內心發出的微笑。

　　在我國小一年級那年夏天，在放學的途中，因跑得太急所以跌了一個大跤，膝蓋滿是鮮血，痛得哇哇大哭！突然有一位賣冰棒的爺爺跑來關心我，他不僅幫我擦藥還不斷地鼓勵我，他說：「跌了一跤算什麼，爬起來就好了。來！我請你吃冰！」。他那溫暖的微笑讓我感到滿滿的正面能量，從那時起，我就覺得我也應該向他學習，成為一個充滿微笑和溫暖的人。

　　還記得有天上學的路途中風很大，正當我行經街口時，發現一位老婆婆騎著車，載著一位行動不便的老伯伯，因為風大，所以老伯伯的帽子被吹走了！我趕快跑了過去幫他們撿帽子，就怕

他們走遠了。當時老婆婆的臉上充滿了溫暖的笑容跟我道謝，雖然我不認識他們，但是心中頓時覺得這感覺真好，原來能幫助他人是這種感覺。

不論你在世界的哪個角落，總是會遇到很多不一樣的人，只要你能用微笑來面對他人、幫助他人，保持一顆快樂的心，那大家也一定會這樣對你！微笑過一天也是一天，愁眉苦臉過一天也是一天，那何不選擇微笑呢？

範文賞析

範文分四段，首段一開始先描述自己對微笑的看法，並且實際舉出實例，說明作者在生活周遭見到最美的風景就是「微笑」，接著將自己所遭遇到的事件詳實記錄下來，感受到微笑的溫暖與正面能量。在第三段時，將幫助他人的過程用文字記錄下來，受到作者幫助的長輩給予熱情溫暖的笑容道謝，感受到無比的開心，此文將過去的某個片段、某個記憶、某個人物作細膩的描述，所產生的情意讓人感到溫馨，最後直接連接文旨要意，說明微笑能帶來正面的力量。

題目五

盧拉・達・席爾瓦，巴西第35任總統。1945年10月出生於巴西伯南布哥州的一戶貧窮農家。因爲家中經濟貧困，盧拉從4歲起，就開始到住家附近的街上販賣自家種的花生。到了上學的年紀，他常與好朋友們一同在課餘時間到街上擦鞋，但因爲生意不好，所以整天只能喝點水，摘些路邊野果充飢，日子在飢餓與困苦中度過。有一天傍晚，鎮上知名洗染舖的老闆經過盧拉和他的

好朋友身邊，一時間男孩們都圍了過去，懇求老闆讓他們擦鞋，老闆看著孩子們渴求的目光，非常為難。

他思考了一會兒，從口袋拿出兩枚硬幣說：「你們當中誰最缺錢，我的鞋子就讓他擦，並且支付他兩元。」那時擦一雙皮鞋頂多20分錢，這十倍的金額讓男孩們的眼睛同時發出不可思議的光芒。一雙鞋子如何能分給所有的孩子擦呢？但孩子們也都不願放棄爭取的機會。

這時的盧拉卻說出了讓所有人訝異的話：「讓我幫您擦鞋吧！如果能讓我賺到這兩元錢，我會分給他們一人一元！而且今天中午我出門前還吃了點花生，一定有力氣可以擦鞋，讓我為您服務吧！」

老闆覺得盧拉是一個特別的孩子，竟然在自己也需要救助時，讓身邊的好友先得到幫助。於是老闆答應讓盧拉擦鞋，盧拉擦好鞋，馬上將錢分給兩個好朋友，幾天後，老闆又上街找盧拉擦鞋，老闆很欣賞盧拉的認真與努力，於是請盧拉每天放學後到洗染鋪當學徒，並且供應晚餐。雖然學徒工資很低，但比擦鞋的收入好多了。

盧拉知道自己的機會是因為幫助了那些生活比自己困難的人，後來輟學進入工廠當正式工人，為爭取工人的基本權益，21歲時加入工會，45歲靠自己的理念創立勞工黨。57歲那年他提出「讓所有的人一日三餐有飯吃」的競選標語，贏得了全國選民的支持，高票當選巴西總統，創造了擦鞋童工的傳奇。

上列文章中，故事主角盧拉在面對機會降臨時，願意積極爭取機會，並樂於分享。他的行為震撼了他的兩位好朋友，同時也讓洗染鋪

老闆信任他，並以「讓所有的人一日三餐有飯吃」的競選標語贏得民心。請閱讀上文，寫一篇文章，抒發你得到的啟示與體會。

解題指引

本題是將材料中所提供的故事詳細閱讀後，進行確實的理解，並將所得之感受加以延伸，提出自己的體會與獲得的啟示。

在盧拉的成長過程中可以發現，他並不曾因為窮困而產生對事物的退縮，也不因為機會降臨時自己一個人獨享，反而積極地爭取機會，並分享給比自己需要的人，讓人對他產生信任。

本題可先將引文中所得到的體會提出見解，再將自己內心所感加以描述，可從以下角度描寫：

1. 當機會降臨時，除了積極爭取獲得機會，還可以與旁人分享……
2. 分享，自己並不會失去，而是會因此得到更多，如：快樂、他人的信任、機會……
3. 學習分享、懂得助人，讓自己成為可以值得信任的人……

本題以分享的經驗為基礎，再選擇合宜的實例加以闡述，才能符合題旨要求。

範文

　　盧拉自幼因為家裡經濟困難，加上弟弟妹妹需要家人照顧，因此，在尚未上學的年紀，便開始在住家附近的街上販賣自家種的花生，並幫路人擦鞋，賺取一些零用錢。某天遇到一位老闆願意讓他擦鞋，在爭取機會的過程中，他願意將自己的工資分給比他還需要的朋友，這樣的精神實在讓人感到偉大！但因為他總是

替人著想，所以才能從擦鞋童工變成巴西總統。

　　在還沒看過這個故事之前，我總覺得在現代社會中，每個人總是想要表現，並且汲汲營營在爭取一個對自己更有利的環境及待遇，怎麼可能會有盧拉這種無私奉獻的人呢？當自己擁有大好機會時，卻為了他人而放棄利益，這種大愛精神真的令人感到佩服！

　　這個故事讓我體會到適時的放棄一些機會，對自己並不是一件壞事，也許正因為你的不計較，而讓別人更看重你，因此獲得更多的機會。盧拉一生當中不斷地在幫助別人，從來不計較自己可以得到多少，只擔心自己能不能幫助到更多人，是一種無私奉獻的精神。

　　「助人為快樂之本」這是人人都知道的道理，但能做到的人卻寥寥無幾。在生活中，我們應該要心懷感恩，而不是常常覺得自己應該要得到什麼好處才去付諸行動。也許社會上就是少了很多願意幫助別人的人，才會變得現實又殘酷，如果大家都能樂於助人也願意分享，相信這社會將變得更加美好、更加和平。

範文賞析

　　文章分為四段，先概述盧拉的故事作為後續內容的前導，進而引導出第二段為他人付出的反思，以及第三段中有捨有得的醒悟，最後鼓勵大家也能樂於與他人分享，讓社會能因此更為美好。同時，本文由盧拉的故事層層導引，點出很多人追尋成功時的迷思，也提供相應的解決之道，讓人讀完文章後收穫甚豐。

　　一次的因緣際會，因嶽麓書院的安排，意外地參訪了岳陽樓。那天起了大早，和兩位研究生從長沙出發，坐高鐵前往岳陽，但因車票買錯，我們改搭動車前往岳陽火車站，在火車上看到的不一樣的人文風景。

　　抵達岳陽樓時，解說員早已等待著我們的到來，解說員和我們寒暄幾句後，先相互推崇對方的建築之古老和值得參訪，還做了嶽麓書院和岳陽樓門票的比較。然後才開始向我們介紹著岳陽樓保留了哪些？重修了哪些？什麼字是哪位大家題的？哪個門是古老的？解說員向我們介紹到，「岳陽樓」三個大字是郭沫若所題，「湖南大學」四個字則是毛澤東所題。聽說岳陽樓曾舉辦背出整篇岳陽樓記即可入內參觀的活動，很多莘莘學子都來參加這個活動。但因岳陽樓門票昂貴，所以這個活動只辦過一次。

　　最後，終於登上因范仲淹而聲名大噪的岳陽樓，范仲淹說：「予觀夫巴陵勝狀，在洞庭一湖。銜遠山，吞長江，浩浩湯湯，橫無際涯；朝暉夕陰，氣象萬千；此則岳陽樓之大觀也，前人之述備矣。然則北通巫峽，南極瀟湘，遷客騷人，多會於此，覽物之情，得無異乎？」雖然主樓也是民國後重修的，但我的覽物之情和建築物並無太大關係。在二樓欣賞著〈岳陽樓記〉的書法之美，登上三樓看著洞庭一湖，遠眺君山，原來洞庭湖湖水是混濁的，孟浩然的「八月湖水平，涵虛混太清」的感覺應該就是如此吧！

　　登斯樓也，我沒有去國懷鄉的情懷，也沒有憂讒畏譏的感受，但有發思古之幽情，想像著當年那些遷客騷人登此樓是雨悲

晴喜，或是同范仲淹一樣進亦憂，退亦憂嗎？我不確定，唯一可以肯定的是古人登樓後，身邊的遊客絕對沒有我身邊的多，連想拍照都是擁擠的。

　　范仲淹〈岳陽樓記〉是難得一見的千古佳作，在閱讀過後，范仲淹的情懷是否令您感同身受呢？亦或別有一番感受？時光穿梭千年後的今日，看完上文作者至岳陽樓遊歷後心得所感，是否又興起了另一番情感與想法呢？請以「覽物之情」為題，寫一篇文章，抒發對岳陽樓記感想，並融入自身旅遊經驗的體會。

解題指引

　　本題是結合教育部部定高中三十篇古文為基礎的讀寫式題目，面對這類型題目要能確實理解題目意思，並將文章與寫作問題進行連結，以提出自我經驗。

　　范仲淹〈岳陽樓記〉主旨揭示「進亦憂，退亦憂」、「先天下之憂而憂，後天下之樂而樂」的情懷，在面對貶謫時，不因為外在的困頓，仍為國為民，體現了「人在江湖、心在廟堂」的感觸。上文作者則是以自身經歷走訪岳陽樓的經過，寫下他的見聞感受，時移世易，以現代人的眼光去看岳陽樓。

　　本題要求以「覽物之情」為題，可以先說明自身對范仲淹〈岳陽樓記〉一文之感想，進而論述自己的人生經驗，所以在審題、立意時，要先能說明范仲淹〈岳陽樓記〉中「先天下之憂而憂，後天下之樂而樂」的情懷，再融入自身經驗。

覽物之情

「先天下之憂而憂，後天下之樂而樂」是多麼崇高的情懷，縱觀古今又有多少人可以做到呢？乍讀范仲淹〈岳陽樓記〉時，范仲淹豁達的胸懷卻一再震懾著我。一個遭貶的失意官員，能在被貶謫時重修岳陽樓，再請自己的朋友撰寫能流傳千古的〈岳陽樓記〉，這是何等曠達的心境啊！

這讓我想起國三畢業那年的炎炎夏日，因為會考失利，心情煩悶，哪兒也不想去，只想在家唉聲嘆氣，可是外頭蟬鳴擾人，唉！我還在催眠自己，睡吧！不要理會！對於我的醉生夢死，父親終於看不下去了，他吼醒了我，因畏懼天敵的生物本能，我嚇出一身冷汗，趕緊刷牙洗臉，迷迷糊糊看了一下時鐘，哇！上午十一點啦！

難得假日，爸爸召開家庭會議，商討這個暑假要去哪裡玩，其實我是很不想出去的，我本來想提議兩個月的溫馨家庭計畫，感受家的愛，家的情，還有家的「冷氣」，但我實在沒有勇氣說出來，只好任人宰割。最後，家人們決定前往花東玩個兩天一夜，一聽到這消息，我「高山症」都犯了，想到曲折的山徑和亂竄的雜草，我差點暈倒在客廳。

到了目的地才發現是我想多了，花東地區的建設相當便利，太陽雖然炙熱，但一路上有樹蔭伴隨涼風徐徐，只能說大自然景色的巧妙，左邊高山青綠，右邊波浪碧藍，忽然憶起〈岳陽樓記〉中所寫「至若春和景明，波瀾不驚，上下天光，一碧萬頃。」不過身為守法的好公民，未滿十八歲的我不能把酒臨風，

但暢飲一杯雪碧，依然是欣喜的。

夜晚總是悄悄來臨，漆黑的夜空鑲著繁星無數，面對這豁達氣象，心曠神怡，我連起北斗七星，想舀起半片天際，一陣風吹來，山林私語，他們像看穿我心思一樣，嘲笑我天真的想像，我臉害羞得脹紅，逗笑了夏蟬，應該是心情的轉變，我並不感到心煩。

範文賞析

範文分五段，以起、承、轉、合進行布局。開頭先破題，點出閱讀完〈岳陽樓記〉的想法和看法，然後以自身的旅遊經歷，從一開始的不情願出門，被父親強迫全家出遊，到意外發現花東的美好，進而使心靈富足。作文中能引用〈岳陽樓記〉中的名句，甚是切題。藉由結尾與開頭的兩相映照，也點出終將有所成長的意涵，也回應題目說明中要有經驗感受的要求。

從寫作技法來看，文章首段破題，寫出對〈岳陽樓記〉的感受，說明自我的價值觀。並在第二段後舉實際生活的例子，呈現受挫之後的心境。同時，呼應〈岳陽樓記〉作者遭貶之際遇。第三段則是心中雖然百般不願，仍和全家一同出遊。第四段則是意外發現花東的美好，並不如自己想像中的落後。第五段則結束在心情轉變，呼應題旨覽物之情會因心境不同而有所不同，也呼應了〈岳陽樓記〉的文旨。

題目七

人生在世，不如意事十有八九，人們時常對於人生有時感到失望，有時則感到企羨無比。

我們總是羨慕著別人美好的成就，有房有車、有田宅、美好的家庭生活……等，別人的一切在我們看來總是美好，總是令人羨慕的。

　　其實我們常常忽略了我們所擁有的一切，每個人都是獨立的個體，同一隻手的五隻手指頭也都長短不一，在這個世界上沒有人可以和我們一模一樣，就算是雙胞胎，在長相和性格上也不會百分之百相同。

　　人生際遇的好壞，有時取決於出生背景，有時取決於時運，沒有絕對的對與錯，有人出生在富豪之宅，過著優渥的生活，不知民間疾苦。有人出生在貧困之家，從小就為生存而奮鬥。富貴人家會家道中落，貧苦人家也會發家致富，很多事情無法二分，沒有絕對如何，有人小時了了，大未必佳，反之亦然，就學習成績而言，中小學時的優異成績不代表長大後的出類拔萃。

　　在羨慕別人之餘，我們是否曾省思自己擁有多少？安貧樂道和富貴豪奢的背後辛酸又有多少人能體會？安於貧困的人，雖然物質缺乏，但精神層面卻是富足的。而富者成功的背後，付出了多少努力，犧牲睡眠時間或家庭相處、身體健康才能換來優渥的生活。

　　正如卞之琳〈斷章〉中所說：「你站在橋上看風景，看風景的人在樓上看你。明月裝飾了你的窗子，你裝飾了別人的夢。」對別人的羨慕常常讓我們忘了自己擁有，我們常常在欽羨他人之餘，忽視了自我審視。我們實際擁有的常常遠超出我們的想像。

　　莫言說：「一生輾轉千萬里，莫問成敗重幾許，得之坦然，失之淡然，與其在別人的輝煌裡仰望，不如親手點亮自己的心燈，揚帆遠航，把握最真實的自己，才會更深刻地解讀自己。」

在面對人生中的順境和逆境時，用什麼態度去面對？是渾渾噩噩地虛度此生，抑或是努力創造自身存在的價值，取決於個人的抉擇。當到了暮年，回首來時路，是否不枉來此一遭？與其臨淵羨魚，不如退而結網，積極或消極的人生觀都是個人的選擇。

我們常常羨慕別人的成就，覺得別人所擁有的一切都很美好，常常對自己缺乏自信心，這並非不愛惜所有的，而是忘了審視自己所擁有的一切。請閱讀上文，自訂題目，書寫一篇作文，抒發其體會與感受。

解題指引

本題是以心靈成長為主題的題目，要能確實理解題目意思，並提出自我感受。同時，本題須自訂題目，是因為每個學生對自我的感受不同，可各自進行詮釋。學生在寫作時，應以自身想法為主，而非天馬行空，寫出內容過於空泛的文章。

範文

學會欣賞自己

佛云：「求如意事，不果遂時，引生眾苦。」我們常對於別人擁有的事物感到相當眼紅，他有跑車，他有豪宅，而他有愜意悠閒的生活。我們在生活中總嚮往別人的一切，似乎在我們的眼中，別人太過完美？

不過，人是會包裝的動物，我們只在乎台前的光鮮亮麗，誰在乎台後的艱難辛苦？羨慕著別人家財萬貫，但他工作超時，我

們卻沒有。羨慕著別人的巧手善織，但他手上針孔無數，我們卻平滑完整。從天而降的好事很少，平步青雲的人也不多，在現實生活中，我們都像購物狂一樣，在百貨公司燃起購買魂，瘋狂消費，直到步出百貨公司，才發現手中鈔票所剩無幾，幾個月的辛勞付諸東流，悲劇一場。

於是我嘗試學習欣賞自己，這不是無可救藥的自戀，而是給自我一些肯定。每個人都是獨一無二的個體，他有滿腹經綸，我顏值出色，他跑步似豹，我游泳如魚。在這世界上，誰沒有優點？何必給自己一個範本，而一味複製別人？我們的這一生，是自己走出來的，就像手中的掌紋一樣，不論多麼曲折，也是掌握在自己手中，如同出門旅遊，唯有不走導覽的路，才能看到屬於自己的風景，不是嗎？

別為了一棵樹，而放棄整片森林，或許是擁有太多，我們才一直追求，雖然不可否認這是人生的前進動力，不過有空的時候先歇一會兒吧！回首一看，這歲月小徑，多美！

範文賞析

本文分四段，首段開頭先破題，由佛家言引出主題，寫出對引文的延伸。第二段用排比句寫出對他人的羨慕，卻沒看到對方的辛勤。用別人成就背後的手腳粗重，對比出自身因懈怠而成的細皮嫩肉。第三段書寫從自身所有發現自己的美好。第四段點出在一味追求成功的同時，亦應珍惜眼前所有。

從寫作技法來看，文章首段破題，寫出對別人的羨慕常讓我們忘了已經擁有的一切，說明普羅大眾的價值觀，往往只看到他人的成就，而忽略成功背後的辛勤。並在第二段運用排比句式來說明別人的

富足，對應出自己的不思檢討，給人當頭棒喝之感。第三段則是審視自身所有，提出應走出屬於自己的人生。第四段呼籲要珍惜眼前的美好。

題目八

　　一本書會遇見各種各樣的讀者。聒噪的讀者，每翻過一頁就開始滔滔不絕的評論，無辜的書本只想逃開他灑過來的口水。也有異常沉默的讀者，埋頭在句子上畫線，眼目低垂，偶爾努力點頭，看不見多餘的表情。這類讀者，必適合讀短詩，一樣不多話。

　　我常帶著罪惡感，通過圖書館的電子檢測門，經過白髮的管理員座位時，與他沉默對望，他一定看不出來我的緊張，我攪亂一個角落的藏書秩序，如攪亂一個憂鬱的宇宙，中古世紀日耳曼人闖進城邦，從此駐紮，宣稱是自己的領土，我也把那角落宣稱爲自己的旅行。這個感覺眞是美好，我出遊過玄奘的絲路，陷進塔爾馬干沙漠快速移動的流沙。我遠遠望見綠洲，甘美的泉水，駱駝商隊從我的幻想走過，我懷疑這種種只會是海市蜃樓，但幻想帶給我極大的安慰。趁空，小遊北極，極圈太陽不沉落，寒風襲來，在這場夏季的閱讀裡，我禁不住打起冷顫。

　　我坐在圖書館的角落，我的秘密基地，遂決定選個黃道吉日，派遣兩本書出航，我選中的是鄭和和唐吉軻德。是日風和浪靜，我幻想的典禮儀式備足，命名，致詞，扯帆，授旗，打破香檳酒瓶。我把兩本書遺落在星巴克咖啡館的座位上，内心充滿不捨與祝福。我曾反覆閱讀這兩本書，在空白處寫滿心得，札記和

改錯字的紀錄。如果不是因為幻想是不夠的，我絕對捨不得派遣兩員大將再度踏上征途。我分別在扉頁寫下這趟旅行的動機，告訴假想的陌生讀者，讀完後請把書再傳出去，請寄明信片，傳簡訊或伊媚兒，告知書的行蹤。

最後，我唯一從圖書館借出來的書是秦始皇傳，坐上火車，讓他安靜的躺在背包裡，我想請他看看這片土地，美麗的山川，他沒有求得不死仙藥的蓬萊之島，婆娑之洋。這世界是沒有不死仙藥的，如果有機會，我會這樣告訴他，你相信輪迴嗎？

輪迴。旅行是地點與地點間的輪迴，閱讀是讀者與作者間的輪迴，閱讀結束時，應該也是幻想結束的時候。火車從長長的隧道鑽出來，我安靜地享受眼前的現實，我放棄拿書的念頭，轉頭窗外。

—— 摘錄自呂政達《讀者的秘密基地》

每個人從小到大、或多或少都閱讀過很多書本，不論是教科書或是課外書，在書中可以學習到很多不同的生命經驗。閱讀完上文，您是否曾旅行到書本內的旅遊景點，或者曾經神遊某個嚮往的地點？請結合上文感受，書寫一篇關於自己讀書經驗或神遊書中世界的幻想文章，文章請自訂題目。

解題指引

本題是從書本的閱讀入題，作者從閱讀習慣分析讀者的種類，有人適合讀詩，有人適合讀散文，有人適合讀小說，每個人都有最適合自己閱讀的文章種類。而作者最喜歡在歷史洪流中注入自己的想像，盡享徜徉在中外歷史事件中的樂趣。

不用出門補習，寫好國寫作文不難

本題要求學生自訂題目，答題者可以以自身喜歡的文學種類入手，探討自己對何種文章特別有想法和感受，爲什麼喜歡這類型的文章，藉以選擇合適的材料進行發揮。

範文

步入書中

　　拜經濟、交通和科技所賜，在現今的台灣社會，幾乎一鄉一鎮都有圖書館，不管這些建築或大或小，華麗抑或老舊，對想尋求一刻靜謐的人們，這裡絕對是與嘈雜隔絕的世外桃源。牆上的大鐘睡得香，滴答滴答的發出慵懶的打呼聲，我感受到了一股神秘的力量，放慢大家的步伐。

　　炎炎夏日，冷氣是最好的導遊，我跟隨著他的腳步，來到涼爽的文學區蹲坐，似乎我偷懶的意圖過於強烈，引來了萬千藏書訕笑，於是趕緊裝模作樣地抽起一本書來掩飾我不安的臉孔，一陣慌亂中，我瞄了一下書名，哎呀！竟是傳說裡面中學生的腦細胞殺手——《古文觀止》。我選幾篇比較有名的篇章跳著看，一個半小時過去，我看了〈出師表〉、〈陳情表〉和〈祭十二郎文〉都沒有哭，架上《隋唐英雄傳》鮮紅的封面像關公的赤紅大臉一樣，斥責我的不忠、不孝、不慈，我想他一定沒看到我的皺眉，露出對文言文的不解。

　　在一番掙扎後，我決定還是看《西遊記》好了，畢竟這是個家喻戶曉的故事，就算有些文言文的包裝，還是可以順利閱讀，不知道是吳承恩的鋪排精深，還是翻譯者的功力高強，我進入了這通往唐代的傳送門。穿越時空的我是東海龍王，正於龍宮內尋

歡作樂。在酒酣耳熱之際，迷迷糊糊的見一潑猴，我嚇到酒醒，一聲顫抖的：「大聖，怎麼來啦？」顯現出我被欺凌的無奈，已經損失定海神針的我，了解到畢恭畢敬才能換來水晶宮的片刻安寧。相對弱小的我沒有選擇，只有配合，蒼老的龍顏沒有昔日威風，徒剩老淚縱橫。

　　我被快樂頌拉回現實世界，原來外頭早已明月高照，八點半，圖書館要關門了，我的肚子餓得抗議，「咕嚕……咕嚕……」無力地呻吟。回家後，媽媽對於我的晚歸大發雷霆，唉！原來在現實的生活中，我也是備受委屈。

範文賞析

　　本文寫作分成四段，首段開頭說明拜經濟起飛之賜，到處都有圖書館林立。第二段用躲避炎熱的夏日，而到圖書館享受冷氣的吹拂。並想用功地閱讀課本中最難理解的文言文，在一番掙扎後放棄。第三段寫最後選定《西遊記》這本章回小說閱讀，並樂在其中。第四段以流連書中世界而晚歸作結。

　　從寫作技法來看，首尾鋪陳得甚好，第二段將高中國文課本中的文言文大部分表現得頗為熟練，雖然是以詼諧的手法論述，但不難看出對課文的熟稔。第三段寫到擇了《西遊記》閱讀，並化身為海龍王，遭到孫悟空欺凌，相當有創意。第四段則以晚歸遭母親責難，呼應第三段內容。本文文辭流暢，以詼諧的筆法讓閱讀者會心一笑，不失文章主旨，又結合了書中與現實。

題目九

　　何謂「成功」？是只要達到目的都可以稱之為「成功」，還是需要什麼不同的條件？那又是否人人都可稱之為成功人士呢？

　　傑克・威爾許（Jack Welch），奇異（GE）公司前執行長，同時也是人稱「20世紀最佳經理人」，其帶領奇異公司成功轉型，並在經濟不景氣的時代招致仍獲利盛豐，成為全球各大企業推崇的標的。然而傑克・威爾許自幼便說話不流利，他曾在他的自傳中提到，當自己要在眾人面前說話時，總是讓他感到不安，深怕自己的語言障礙招致他人的嘲笑，但他也說到，自幼其母親總是告訴他，那是因為他太聰明了，舌頭跟不上頭腦思考的速度，也因此才讓他釋懷，面對自己的不完美，積累自己的自信心，勇於站上台。昔日齊國思想家晏嬰身材短小，其貌不揚，但他從不以此沮喪，堅信自我的能力，仍以其才智，使齊國名揚諸侯。海倫・凱勒雖因病失明、失聰，但在蘇利文老師的鼓舞下，念到哈佛大學畢業，更幫助了許多殘疾人士，不也正是這個道理。

　　因此，成功不單只是事情的圓滿，更是一種自我的堅持與實踐。建立自己的自信心，自信能帶來勇氣，進而激勵你前進，邁向璀璨的前程。

　　奇異（GE）前執行長傑克・威爾許、海倫・凱勒，乃至晏嬰等人，克服先天的缺陷，創造了自己的事業高峰，實在令人敬佩。請根據引文所述寫一篇文章，描述是否有過建立自信心的經驗與過程，並抒發自身的感受與體會。

　　本題透過閱讀材料，理解文意所給予的觀念和聯想，加以深思後，再透過自己過去經驗，如生活情境或問題情境所獲得之感悟，加以說明，並發展出作者的見解及論點。此題型要將實際經驗以文字加以描述，方能完全陳述題旨。

　　本題要求以「建立自信心的經驗與過程」為題，先將引文的故事加以思考，反思自己的生活上是否有過類似的經驗，再加以結合，可嘗試以下方向撰寫：

1. 生活中會遇見自己力不從心或是無法跨越的障礙，如何產生自信心……
2. 面對困難時候，如何產生勇氣克服逆境……
3. 闡述自己面對困境的方式及建立自信心的經驗……

範文

建立自信心的過程與經驗

　　人的一生真的是一路順遂嗎？還是總是艱辛的在完成自己的目標呢？有些人看似人生勝利組，但是我們卻不知道他們其實有多麼努力的想完成自己的目標。我相信他們在完成偉大的任務前一定受到很多的磨練與打擊，所以我們在達成目標前絕對不可輕言放棄！

　　全球數位工業奇異（GE）公司前執行長傑克‧威爾許從小就有口吃的毛病，雖然常常讓他感到不便，但因為母親的鼓勵，讓他能夠面對自己的缺陷，並且能夠以不同的角度去接受自己的不完美，進而產生對自我的信心。我就不是一個愛讀書的小孩，

數學成績我總是比別的同學還要差，所以我總是對自己的成績非常沒有自信心。直到某天媽媽將我送到安親班，我遇到了我生命中重要的恩師，她對我用心照顧，也時常鼓勵我，在一次一次的練習中，我慢慢地把不熟的題型記牢、運算熟練。還記得每當段考前兩週的假日，我總是待在安親班練習數學題目，她常跟我說：「要怎麼收穫，先那麼栽」。讓我知道自己雖然沒有聰明的頭腦，但我可以比別人更努力。

自從遇到那位老師後，我對於讀書這方面漸漸地產生興趣，因為我知道只要我肯努力，成績就會是我的。以前沒有拿過前十名的我，在某次段考中，名次突然大躍進！我又驚又喜地回去跟老師傳達這個好消息，她還在班上跟大家說了我有多努力想證明自己！到現在想起來，我還是感謝她一路上不放棄我，不斷地鼓勵我。

現在的我已經不是從小沒有自信心的我了！我仍然相信只有自己會放棄自己，只要肯努力，沒有人會放棄你，所以我也常常把我的故事分享給我的朋友，因為他們絕對有能力把自己的目標完成，只要肯努力，持之以恆，一定會成功的！

範文賞析

　　範文文分四段，第一段先以提問方式進行破題，並且描述每個看似勝利的人其實都經過一番努力，接著在第二段時，將材料中的主角傑克‧威爾許的故事引用並說明，再將因為缺乏自信心的自己所遭遇到的事件詳細闡述，並發現解決之道，透過師長的及時鼓勵與教導，讓自己成為一個能面對問題並解決的人，且能將自身經驗與旁人分享，成為具有自信的人。

　　青春是什麼，青春應該是一條奔流不息的長河，帶著衝勁與熱情奔流入海。青春也應該是一棵伸枝長葉的樹，帶著鮮活的綠能，迎向驕陽，直奔天際。

　　青春是無所畏懼的，看看這條激情之河吧，遇山崖，遇大石，雖然下一秒命運難卜，每一種景況，都是美麗的際遇。沒有高山斷崖，就沒有飛瀑如練，沒有大石，就沒有激流水花，沒有深谷，就沒有深邃之漩渦。

　　青春是迎向挑戰的，學學在陽光下燦爛、風雨中堅挺的樹吧！不是每天都能風和日麗，也非每場雨水都如甘霖，但越是刺眼毒辣的太陽，才能讓葉兒更綠，枝條更壯，若再經歷狂風驟雨一番洗禮，縱使些許折枝摧葉，但是熬過風雨的，韌性更強，木質更堅，綠蔭更濃，可以承載庇護更多的蟲鳥，經過淬鍊的青春，生命更精采有值。

　　有人用年齡定義青春，歲月有限，時光如流，生命處於勃發的美好，因此有人選擇盡情享受，方不負了少年頭；有人選擇安逸自在，不願過早承擔生命的責任，說「留得青山在，不怕沒材燒」，說得學李白人生得意須盡歡，莫使金樽空對月，如此才不枉少年。

　　有人說：「年輕並不比有熱情理想的老人值得歌頌。」青春是該歌頌，然而沒有熱情的青春，故步自封的青春，只願對自己生命珍惜的青春，在生命有限的前提下，那是辜負了青春，變成了不圓滿的青春、有遺憾的青春。

　　用年紀來定義青春，一不小心就把青春落入了被框限的處

境。我寧願用生命狀態來定義青春，肯定青春和創造青春。青春是生命的勃發狀態，願意嘗試與面對，挑戰與創造，犧牲與奉獻。如此的生命狀態，縱使老邁，也是熱情溫潤。讓青春的價值和美好延續整個生命歷程，讓青春變成一條美麗的生命之河，而不只是一灘安靜的水窪，讓青春有如一棵根植曠野生命之樹，而不只是一株溫室中的盆栽，這樣的生命，處處青春，時時青春。

本文敘述了對青春的定義和生命的期待，青春是多樣多變的，每個人自有對青春的體會和感觸。請閱讀上述引文，以「我的青春歲月」為題，寫一篇文章，抒發對引文的體會與感想，並描述自身經驗感受。

解題指引

本題要確實理解材料所提供的文意和訊息，結合個人自身經驗，從文意中發揮個人的想法和意見。材料中提到幾個對青春定義，如青春是活力充沛的，青春是勇於面對和挑戰的，青春是發揮生命價值的，最後說明青春雖然是一個生命階段，但更是一個生命態度和價值。

本題以「我的青春歲月」為題，寫作方向自然是以自身青春階段的經驗為主，而且題目已提示青春是多樣多變的，以及要求寫出對青春的獨到體會和感想，此表示寫作內容可以對青春有不同的想法和定義，又言抒發對本文的體會與感想，因此寫作時，可以從以下幾點建議書寫：

1. 先從材料中對青春的定義書寫觀點，是同意，或補充，抑或反駁。

2. 再進一步書寫你對青春的感受、定義，或是引以爲戒的事項，可以是引文中沒有提及的。

3. 自身的經驗可以適時地融進前兩段的青春定義，或是單獨提出。

　　另一種寫法，可以以記敘文的經驗感受來書寫，把材料中的觀點融入。特別提醒寫自身經歷感受，無論是多麼不好，都應該有激勵、反省等積極正向之內涵，避免負面、消極、仇恨的情緒價值，以符合材料的題旨。自身經驗也要選擇合適的，才好發揮和深入。

範文

我的青春歲月

　　生命的各個階段裡，青春應該是最被歌頌的。的確，青春所代表的是朝氣，是活力，是蓄勢待發的生命能量，這是生命開展成長的動力。然而，這只是對青春的一面看法。青春也有可能是躁動不安的，找不到安定的軸心。青春有時也是憂鬱的，因爲處處碰撞、不盡理想，青春就如剛羽化展翅的蝴蝶，如羽翼初成的鳥兒，正要迎向不可知的世界。

　　記得剛上高中時，學校熱舞社招募會員，對於一身是勁，又愛新潮又愛跳舞的我而言，這無疑是致命的吸引力，當下也無多想，也不考慮地報了名，很幸運的從眾多對手中脫穎而出，成了熱舞社的一名成員。

　　我愛熱舞，當音樂一放，那充滿節奏感的鼓點與我的心跳呼吸結爲一個共振體，無時無刻的隨著音樂搖擺晃動，只要戴著耳機，就把一切聲音、訊息隔絕在外。一開始只是聲音的隔絕，漸漸的，所有的事情都被我隔絕了。不知茶香飯味，父母的話充耳

不聞，老師同學的關切視若無睹。我們一群年輕人無視於高中生活還有其他的責任和義務，彷彿只剩熱舞。青春被當成一種有限的耗材，彷彿此刻不盡情使用，過了就沒有似的。

是的，我們的表演獲得了掌聲，我沉浸在聲光和崇拜的眼光中。我在跳舞中忘了一切，說得更透徹一點，我似乎藉著跳舞逃避了一切。練舞，成了我拒絕任何事的最好藉口。我的成績慘不忍睹，沒有其他朋友，和父母的關係勢如水火。直到老師告訴我，生命裡還有比熱舞更重要的事情，是責任、是關愛周遭一切……我才幡然醒悟，重新調整生活的步調和重心，努力修補因跳舞而被我忽略的人生重要課題。

我為生命中有這一段狂熱的追求而感到自足與充實，也慶幸有機會彌補追求過程中所造成的失落和遺憾。我深刻的體悟到，朝氣蓬勃、熱情洋溢的青春，更需要理性的態度來指引，那麼青春的熱力才能持續而長久。

範文賞析

範文共分五段，第一段先破題，點出青春的美好活力是多數人的共識，在肯定青春的特徵時，進一步地提出伴隨此特徵的反面看法，並以羽化成蝶及雛鳥初展翅為比喻，來說明青春是衝動且危險的。既呼應了引文的青春特徵，也發揮了題目所提的青春多元性，每個人自有對青春的體會和感觸，從引文進一步詮釋與發揮。

第二段開始以起承轉合進行鋪排，描述自身的經驗，先敘述對街舞的熱愛，瘋狂的投入，表現出青春義無反顧、熱情有勁的癡迷，呼應了引文對青春的描述。進而發展如何日以繼夜的參與，得到掌聲和

崇拜的眼光。接著一轉，在瘋狂投入的另一面，卻是成績不良，父母失望，最後總結青春的活力與狂熱是值得的，也呼應了第一段所指的青春也是一種盲目和躁動，兩者應各有調和，在熱情洋溢的同時，也應有理性的思慮，才是無遺憾、完美的青春。這樣的個人經驗發展，符合引文的文旨內涵，又能頭尾互相呼應。

　　寫作技巧方面，以排比對偶的方式，增加了文章的說服力。同樣的句式，不同的內容，如「羽化展翅的蝴蝶」，「羽翼初成的鳥兒」增加閱讀的流暢度。文章有文采又不拘謹嚴肅，文氣活潑又不失輕鬆。

題目十一

　　親愛的畢業生，恭喜你們要畢業了，這真是一個不簡單的成就。但在盡情狂歡的同時，我不知道你會不會也像四年前大學要畢業的我一樣，坐在台下，其實老實說沒有真的很想離開學校，因為對於自己必須面對的未知、一個一個即將要做的決定，感到徬徨、甚至想要逃避。

　　那個時候的我，看著手上拿到的畢業證書，覺得有一股深深被騙的感覺。因為我覺得，從小到大，爸爸媽媽老師都說：你要當學生、考大學、大學畢業。我拼了命的當學生，到頭來就是為了這張紙嗎？這張紙能吃嗎？能幫我做決定嗎？能給我薪水嗎？能幫我做什麼？

　　親愛的畢業生，如果能夠回到四年前，我想叫自己認真的再看看這張紙。看著它，或許照樣感到徬徨，但會徬徨，正是因為這張紙承載了多少孩子得不到的幸運。這份幸運，叫做「選擇

權」。選擇權讓我們徬徨，可是選擇權卻也是讓我們最幸運的地方。拿著這張很沈重的幸運，我會問自己：「我想要拿這份幸運，做什麼事情？」

親愛的畢業生，大多數的人可能都會告訴你，外面的世界很殘酷，所以就算你很幸運，最好死命抓住它，不要讓別人搶走了這份幸運。但如果我們看看周遭，其實我們都看過很多害怕別人奪走幸運、把幸運抓死，可是卻患得患失，讓他自己的幸運到頭來沒辦法為他帶來滿足或快樂，這一群原本很幸運卻一點都不滿足的人。

如果可以給你什麼建議的話，我想鼓勵你：找一處值得耕耘的地方，放開手，把自己的一點幸運種下去。一開始，你真的可能會覺得你失去了你的幸運。你看著那個土，很想罵髒話，你什麼都看不到，好像什麼動靜都沒有。你可能開始想罵自己笨，當初幸運就留給自己享受就好了，我為什麼要分給這些人，為什麼要種下去？

請相信我，你種下的幸運不會是白費的，他會發出芽，他會結果，他甚至有可能會長成森林。你不僅不會失去你的幸運，你很有可能會成為一個比原本更幸運的人，而且這份幸運是有根的，是別人搶不走的。

——摘錄自劉安婷成功大學畢業致詞

上文是TFT（為臺灣而教）創辦人劉安婷在成功大學畢業時的致詞，她分享自身經歷，告訴在場畢業生，人對於自己的未來該有什麼樣的憧憬，又應該如何把握？請閱讀上述演說稿，自訂題目，作文一篇，抒發你的感受和體會。

解題指引

　　本題為演說稿的文章閱讀，因此，首先要能掌握住演講者所欲陳述的內涵，並扣住題目的要求進行發揮。本篇演說稿主要想表達作為畢業生應有自己的夢想，演說者鼓勵大家可嘗試將幫助他人作為自己的志業。因此，寫作者應先扣住演講者的主張，訂立一個合適的題目，以便進行取材。撰寫時，先行在文章中陳述演說者的看法，進而抒發自己的想法，以切合題旨。

範文

分享

　　「畢業」是許多人在就學時的重要歷程，因為將領到具有象徵意義的畢業證書。我們從小歷經「就學→學習→畢業」數輪的循環，但畢業代表著什麼？有人說是知識的長進、能力的提升，更有人說是一種責任的肩負。

　　TFT創辦人劉安婷在成功大學畢業典禮的致詞中，提到大學畢業生拿到畢業證書時，或許感到徬徨，或許覺得無助，因為不知擁有了這張紙，究竟有何意義？更質疑，這一切有何價值。但其實這張紙象徵著無數的幸運，因為有多少人沒辦法讀大學，或沒辦法擁有這一切，因此，得到這些的你何其幸運！更重要的是，擁有這張畢業證書的你，同時，也擁有了將其分享的能力。如果你願意，你可以將別人所不能獲得的事物，藉由你的分享使其擁有，也使其變得更為幸福。

　　沒有人能獨自生存，今日我將自己的知識、能力、所見所聞分享給他人，同樣的，自己何嘗不也是在不知不覺中，接受著他

人的分享。我們在日常生活中，享受他人藉由技術提供製成的各式用品。我們從通訊社群軟體中，分享了他人的喜悅與經驗。我們在自己的人生中，享受了他人人生的點滴與美好。分享，不是只會給別人帶來好處，也使我們心裡更踏實、更有活力。

人生是一段互相扶持的路，有人擁有，有人失去，但藉由分享，我們一一品嘗自己與他人數不勝數的幸運，從而讓一個人的幸福疊加了另一個人的幸福，創造出更美好的人生。

範文賞析

文章以「分享」為題，掌握住題材為畢業致詞，以畢業為軸，首段即說明畢業背後的意涵。第二段陳述演說者的主張，進而將演說者的主張與首段的內容相呼應，藉以切入主題，說明人無法獨自生存，需與他人互相分享、互相扶持，而作為畢業生，更應貢獻所長，期能給予他人幫助。在第三段中提到，人生在世，我們也是經由他人的分享，才得以獲得美好人生。結尾點出在這樣彼此分享的過程裡，我們所擁有的一切才能彰顯出價值，更豐厚我們的一切。文章夾敘夾議，觸動閱讀者的內心，也回應出對社會的關懷與希望。

題目十二

只有蔬果才能表現季節的節奏感，肉食難以體會季節性，我們什麼時候吃什麼肉，差別甚微。古往今來，農民們依循節氣變化，栽種適時的蔬果，以求收穫豐碩。農諺：「正月蔥，二月韭，三月莧，四月蕹，五月匏，六月瓜，七月筍，八月芋，九芥藍，十芹菜，十一蒜，十二白」。購買與食用當地當季的新鮮蔬

果，美味，平價，保護環境，也保護人體，令飲食配合大自然的節奏。

　　不像肉品以肉質香征服吾人的味覺，蔬菜表現雲淡風輕的美學。世人多覺得清淡則寡味，因此素不如葷，其實清淡之味與美食並不衝突，反而更能貼近原味。關鍵在廚師的手段。任何食材淪落歹廚手中，都只能拜託佛祖保佑；唯高明的庖人能令各種食材表現各自的優點，唯舌頭敏銳的美食家能欣賞清淡味。蔬菜之美在於清淡，我認為鍛鍊味覺可以從季節時蔬開始，味蕾若疏於品嘗清淡之味，一旦習慣了重口味，就變得呆滯昏眊，再難以欣賞清淡之美。蔬菜的清淡美帶著禪意，甚至連接了天堂。

　　青蔬不見得總是配角，在高明的廚藝下，隨時可以獨當一面。有一天中午餐館試菜，老闆以花椒爆香，將綠豆芽掐頭去尾，過滾水後入鍋稍微煸炒，暴躁的花椒提醒了豆芽菜的清新脫俗。這是一道厲害的開胃菜，它召喚的食慾來勢兇猛，那一餐我胖了三公斤。

　　蔬菜通常以菜心為美，菜梗、菜根等而下之，嚼菜根因此轉喻為勵志話語，菜根通常是苦的，嚼食乃有很深的寓意，略帶苦味，苦中又透露一絲絲甜，俗諺「咬得菜根，百事可作」，鼓勵人們能勇於吃苦。白蘿蔔就有一點清苦，可有些菜根不苦，如慈菇、番薯、蘿蔔、山藥、馬鈴薯之屬。

　　清苦並不可畏，相對於其他行業，文學創作即稍顯清苦，寂寞自持，帶著嚼菜根的意志，將來，將來有一天。不管事業是否有成，將來，還是要繼續嚼菜根。

　　食物精緻、清淡到一定程度，必須仔細品賞，認真吟味。尋找美食即是尋找美。如今我依然每天早餐吃下近十種蔬果，空

腹喝的那杯蔬果汁，有一點點苦，一點點酸，略甜，強勁的生蔬味，諸味紛陳。可惜焦妻看不到我如此認真拚一副菜園肚皮。

—— 摘錄自焦桐〈拚一副菜園肚皮〉

飲食愛好，人人大不相同，有人喜清淡，有人卻無肉不歡，人人都有自己對於飲食的看法。請自訂題目，作文一篇，談談上文中焦桐的飲食觀，並抒發自己對於飲食的愛好與想法。

解題指引

本文節選自焦桐〈拚一副菜園肚皮〉，以焦桐對於蔬果的觀感，談至清淡的飲食哲學，並提及這樣的飲食觀亦對自己的文學道路產生影響。因此，依據題目要求，要能讀懂文章中焦桐所述，並提出自己的想法，進而抒發自己的飲食愛好，說明是否與自己的人生觀產生連結，這樣才能扣緊題目要求。

範文

我的飲食哲學

飲食是一門深奧的學問，也是一種文化的展現，世界各民族的飲食喜好各有不同，甚至同一國家、民族的人們，每個人的飲食習慣也大不相同。

在焦桐的〈拚一副菜園肚皮〉中，談到蔬果有著季節性，並能表現出肉類食物沒有的清淡之味，而這清淡之味貼近自然，是其欣賞與喜愛的味道，體現出崇尚食物原味的追求。而相對於焦桐對清淡飲食的喜愛，我則嗜辣，餐餐無辣不歡，無論香辣、麻

辣、甜辣⋯⋯我在食物中，追尋那汗流浹背、血脈賁張的快感。

　　韓式料理中，不論是拌著辣醬的韓式拌飯、炒年糕，還是下飯的部隊鍋，甜甜辣辣的滋味，讓人食慾大振，而且還會全身暖和了起來。而四川食物顏色鮮豔、香氣撲鼻，每次一到賣麻辣串的攤車，花椒的氣味遠遠便竄入我的鼻腔中，讓人忍不住要買一大袋，好大快朵頤一番。這些嗜辣者必嘗的美食可都是我的心頭好，那大汗淋漓後滿足的感覺，總讓人欲罷不能。

　　有人可能會說，老愛吃辣的食物來刺激味蕾，之後會無法品嘗清淡的美味，但我認為飲食就像人生，如果總是平凡無奇，沒有半點刺激，那人生又有何趣味呢？人生總要不斷充滿驚奇與挑戰，才能顯得精采又燦爛。因此，我從飲食開始我的冒險旅程，一步步圓滿我對人生的想望，一步步實踐我的人生哲學。

範文賞析

　　本文分為四段。第一段，先破題指出人人飲食觀皆有差異，即便相同民族，飲食喜好仍不可能相同。進而，在第二段陳述焦桐的飲食哲學，以及自己和焦桐對於飲食所持的不同看法。第三段以自己獨鍾辣味，分別舉韓國和四川食物為例，運用摹寫，將食物的美妙滋味呈現在眼前，讓人閱讀文章亦想大快朵頤一番。最後提及對辣的食物的喜好，源於個性喜好刺激的生活，現階段人生可能囿於許多限制，無法追尋精采刺激的人生，希冀由食物來踏出這第一步，以呼應題目中對於人生哲學闡述的要求。

題目十三

　　人莫不渴望長大，長大可以實現自己的夢想，可以隨心所欲，但在戰爭中的孩子，許多還未見過世界的美好，生命卻已經莫名逝去，有些則是從小就過著顛沛流離的生活，就如同敘利亞這些戰亂國家的孩子們。

　　之前在敘利亞北部大城阿勒坡曾發生空襲，一名滿身灰塵與血漬的五歲孩子歐姆蘭・達尼希，在這場攻擊中存活下來，當他從殘垣敗瓦中被救上救護車時，那空洞的眼神、漠然的表情透過影像震撼了全世界，告訴了我們「戰爭」最真實的樣貌。還有那之前隨著父母逃出敘利亞，卻伏臥在土耳其沙灘上失去性命的三歲幼童艾倫，當他的父親在鏡頭前流著眼淚說：「我的孩子是世界上最漂亮的孩子……現在一切都完了！」讓多少生活在富裕、和平國家的人們情何以堪。三歲啊！只短短來到人世間野遊三年的天使，在他這三年短短的生命中，他是否享受過生命的美好？

　　當我看著這些新聞，不禁問著自己，三、五歲的時候我在做什麼？向父母鬧脾氣、撒嬌？要求要買這個、要吃那個？那艾倫和歐姆蘭呢？他們有過這個機會嗎？在同一個地球上，住在台灣的我們，此刻的你，正在做些什麼呢？已珍惜所擁有的一切了嗎？在喧鬧得過分寂靜的電視前，我暗自深思。

　　在現今天涯若比鄰的世界，即使各國已如地球村般頻繁交流，仍有許多未能解決的遺憾，值得我們深思。請閱讀文章後，描述你的想法與感受，自訂題目，作文一篇。

解題指引

　　本文乃對於時事新聞的反省，藉由兩位敘童的故事，引領寫作者對自我生命進行反思，並檢討自己是否過於耽溺於自我需求，而未能珍惜擁有的一切，也希冀藉由國際社會的題材，開拓寫作者對於世界的眼界與關懷。書寫這類型的題目首先要掌握住文章主題，並尋找關懷之處，以求深刻地切入，抒發情感，同時想法與感受宜明確表明，並予以深化，才能完整呈現一篇有深度的文章。

範文

兩個世界

　　在台灣這美麗的地方，雖政治情勢時見煙硝，但數十年來人民安居樂業，大家都享受著幸福與美好。但住在敘利亞的人們呢？很多人卻必須面臨戰爭的威脅，連小小的幸福都甚難獲得。

　　常在電視、手機上，看到關於敘利亞的新聞，最令我印象深刻的是有一天看到一則新聞，內容是一名小孩在空襲後坐在救護車上，面無表情、雙眼無神地望向前方，那畫面太過令人震撼，那彷彿是一種無言的吶喊，我思考著自己若是在他那個年紀，遇到了這樣的事情，除了哭，還能夠做什麼？可是那敘利亞的孩子卻早已流乾了眼淚，只因面臨了太多生死離別、太多災難打擊。他們被迫長大，只為了保護自己，以及自己所愛的人。

　　看著我們生活周遭的這一切，有多少人享受著幸福而不自知，對於這一切總是不滿，總是埋怨，總是認為自己被不公平地對待，卻沒有發現在敘利亞這些戰亂國家，他們連不滿、埋怨的權利都沒有，因為在死亡面前，人只會剩下恐懼。也因此，我們

要能更珍惜自己所擁有的這一切，以食物為例，台灣一年浪費掉的食物高達好幾萬噸，只因不好吃、不想吃，甚至不要吃，但有多少窮困的家庭、國家，人們三餐不繼，連求溫飽都有困難。

　　我們要能以正向的態度積極前行，付出更多的關懷給他人，也給自己。讓同在一個地球上的人們都能感受幸福，別再出現讓人不解的「兩個世界」，用關懷與同理，讓世界更美好、光明。

範文賞析

　　本文為呈現出題目中提到「今天涯若比鄰的世界，即使各國已如地球村般頻繁交流，仍有許多未能解決的遺憾」，以「兩個世界」為題，抒發對此議題的關懷。首先，先點出臺灣與敘利亞現況的差異，進而在第二段中，陳述文章提到的敘童問題，以省思戰爭對人們造成的傷害。第三段進行反思，以自己和敘童相較，是否過於不知足，做的太少卻又要求太多。結尾以對自我的期許作結，如人人都能改變自己的想法，一定能營造出更美好的世界。文章抒發對於國際社會的關懷，能明確提出自己的看法，繼而予以深刻思考，感動讀者。

第二節　條列陳述類型

題目十四

一、子曰：「苗而不秀者有矣夫，秀而不實者有矣夫。」《論語·子罕第九》

二、子曰：「篤信好學，守死善道。危邦不入，亂邦不居。天下有道則見，無道則隱。」《論語·泰伯第八》

三、物理學家愛因斯坦：「每件事都必須要盡力而爲，若半途而廢，將永無成就。」

四、法國哲學家蒙田：「今天的放棄，是爲了明天的獲得。」

人們常說在人生路上要能堅持到底，才能精采過人生，但在面對人生中的困難與挫折時，是否堅持是唯一的相應之道？而放棄是否就是一種怯弱的表現？請閱讀上述引文以「放棄的勇氣」爲題，寫一篇文章，抒發對四則引文的體會，並刻畫自己是否有引文所述情況，描述其經驗感受。

解題指引

本題要求以「放棄的勇氣」爲題，先說明對四則引文的體會，進而論述自己的人生經驗，所以在審題、立意時，要先能說明四則引文所持的主張。孔子在〈子罕篇〉中述及求學堅持的重要，愛因斯坦亦主張堅持是成功的必須，但蒙田則提出不同的看法，認爲放棄有時是爲了難以獲得的成功，孔子在〈泰伯篇〉也提到，堅持與放棄需因時制宜。因此，可嘗試從以下角度入手：

1. 在人生路上前進時，我們必須放棄某些事物，爲的是某些不能放棄的事物，如放棄玩樂，爲的是不能放棄的夢想……

2. 在人生中，有時放棄比不放棄更爲困難，因爲需要莫大的決心和勇氣才能繼續前行……

3. 我們應該放棄仇恨、放棄名利的慾望、放棄心中的傷痛，以往更美好的人生邁進……

必須謹記文章不傳遞負面價值。同時，要選擇合適的人生經驗，才能符應題目要求。

範文

放棄的勇氣

堅持與放棄是人生一項難以選擇的問題。東西方學者都爲此提出看法，愛因斯坦即主張堅持是成功的必須，孔子在〈子罕篇〉中亦肯定堅持對爲學的重要，但也認爲並非每件事都必須堅持。法國哲學家蒙田即認爲放棄有時也是一種獲得。

我自小對於課業與師長交代的工作，都要求自己做到一百分。因爲我認爲擁有幸福人生的關鍵，就是要事事做到完美，享受大家的掌聲與羨慕！爲此，我汲汲營營，怙終不悛。可是我發現，對於成績單上的成績，我開始斤斤計較，開始患得患失，甚至對於負責的工作，我無法接受他人的看法，更無法接受別人的一絲指責，即使是建議，聽來都讓人心生不悅。

但，世事中總不會盡如己意。那一次，我的成績掉出了前五名，在多項工作上，也出了許多不該發生的錯誤。在人生的路上，我迷路了，躊躇不前，心有著被重物壓迫的沉悶，滿滿的盡是委屈，「我已經這麼努力！爲什麼大家都看不到呢？我到底還要多努力呢？」

一天，老師叫我過去，告訴我別給自己太大的壓力，人生本來有得必有失，衡量自己的能力，要想清楚對自己真正重要的是什麼。我才發覺，人若只想把所有的東西都握在手上，什麼都不願放手，最終又能握住什麼呢？了解到問題的我，鼓起勇氣，開始有了改變。

人生這條路上，享受成功的掌聲，卻沒人能夠分享，掌聲又有什麼意義？於是，我放棄了對「自我」的堅持，或許我不再總

是享有掌聲，但我的人生卻反而向前邁進了一大步，選擇和朋友一起聊天嬉鬧的我，真心如此覺得。

範文賞析

　　本文分五段，以起、承、轉、合進行布局。開頭先破題，點出引文中兩者價值觀的差異，並說明自己的想法，然後以自身面臨挫折，進而放棄自我的偏執，以解決困難，大步向前的經歷。同時，藉由結尾與開頭的兩相映照，也點出終將有所成長的意涵，切合題意，也回應題目說明中要有經驗感受的要求。

　　從寫作技法來看，文章首段開門見山地說明堅持與放棄的爭議。並在第二段後舉實際生活的例子，應證價值觀的實踐。同時，在第三段中以譬喻法形象化呈現困境，進而以疑問修辭呈現出內心的慌亂與不安。在第四段中，藉由他人點出自我價值觀的盲點，並以激問法確定自我方向。結尾以自我價值觀的轉變作結，與首段呼應，呈現出題旨，人有時要放棄才能獲得。

　　在寫作過程中需要舉例時，要避免過於浮濫的例子，特別若以名人實例來輔助說明，容易落入陳腔濫調的毛病，應在平時養成紀錄閱讀材料的習慣，才能在寫作的時候，有好的材料能使用。

題目十五

一、韓愈《初春小雨》

　　天街小雨潤如酥，草色遙看近卻無。

　　最是一年春好處，絕勝煙柳滿皇都。

二、

　　知名作家朱光潛曾寫過一篇文章〈當局者迷，旁觀者清〉，文中談到「美和實際人生有一個距離，要見出事物本身的美，須把它擺在適當的距離之外去看。」因距離產生美感，人對事物的看法、感受與距離是有關係的，有時置身太近，只看到「真實」的不忍卒睹，但距離若太遠，朦朦朧朧，又感受不到實際的存在。不過，就如同朱光潛所言，許多美的感受都是因為它與實用目的有了適當的距離，使人忘卻它的利害關係，所以我們才能超然地欣賞這份「美」。

　　在生活中，許多觀察並非細看就能看清，人生中很多事不也是如此嗎？請閱讀上述詩文，以「距離之美」為題，作文一篇，寫下你的看法與體會。

解題指引

　　上述詩文中，韓愈《初春小雨》描寫早春美景，藉由遠近的觀賞，各自欣賞出不同的美景，而第二則文章則陳述出「距離產生美感」的緣由。因此，書寫本題要先理解詩文意涵，把握閱讀文章中「置身太近反而不能欣賞」的抒發，並能夠指出「距離產生美感」的原因，進而寫出生活中的體會。

範文

距離之美

　　「天街小雨潤如酥，草色遙看近卻無」，這是韓愈春天賞景所寫下的句子，天街小雨像酥油那樣滋潤，遠看草色是一片淺

綠，近看卻又只剩下稀疏的草芽，感受不到綠意盎然。詩句不僅意境美，更富有禪意，訴說著有時置身太近，反而感受不到美的體會。

距離爲何能夠使人產生美呢？大概是因爲距離可以讓人擁有更廣闊的視野，可以不在意所謂的實用目的，可以忽略那一點枝微末節的不完美，擁有瑕不掩瑜的效果；更重要的是，距離帶來了未知的神秘感，引發了人們許多美好的想像。

就拿傳說與現實來看吧！自古多少詩人爲明月寫下了不朽的句子，留下多少浪漫的傳說，「不知天上宮闕，今夕是何年？」，我們對明月有無限遐想；然而當阿姆斯壯登陸月球，與月球做了近距離的接觸，發現眞相不過是千堆亂石……，一切的美頓時不復存在！這就是距離產生美的作用。

那麼我們生活上如何去體會身邊曾經因爲距離太近而被忽略的美呢？眞正應該保持距離的，也許不應該是物理上，而是在心靈上。讓心靈保持適當的距離，讓看待外物的眼光得以從利害牽絆中解脫，才能有心思去玩味生活中的美妙。若是使心靈解放，保持與外物的距離，那麼便會發現天空將無比湛藍，大樹是無比蒼翠，生活中處處是詩意，書未滿胸，悠然暢寄。

將心靈退一步，對利害實用保持適當的距離，以「無所爲而爲」的精神欣賞事物的本質，那麼生活中處處充滿美。

範文賞析

本文分五段，首先陳述對詩作的體會，以引出「置身太近反而不能欣賞」的觀點，切合引文中所述，進而延伸出第二段「距離產生美

感」的省思，並自第三四段抒發自己對「置身太近反而不能欣賞」的想法，最後提出美充滿於生活各處，以「無所爲而爲」的精神欣賞，則自會爲你綻放。文中由景入情，舉古人名作，詮釋出距離美的必要，進而提出一種生活自得的人生觀。

題目十六

一、

　　這一次，我想換一條路走走；這個方向是回家的方向。

　　不想走來時方向。總是走同一個方向，未免太單調。何況是散步，理當隨興的走：何況是夏天的黃昏，日頭長得很。

　　我孤獨自行。路不寬，但也不狹隘。一旁是呈下坡的小谷，長著許多樹，橡樹、楓樹、松樹，及其他不知名的樹；其實是不知名的樹多過所認識的樹。另一旁是住家，一些中產階級的住家。各式各樣小小含蓄適宜的房屋。大概住著普通一般善良含蓄的人吧。男女老少，衣食住行，悲歡哀樂。我兀自想著不著邊際的事情，左顧形形色色的屋宇，右盼知名與不知名的樹木。夏日傾斜的陽光透過疏密有致的枝葉間照落在髮上和肩膀。額際鼻尖微微感覺有些汗珠子，但並不太熱，畢竟已到向晚時分，整個身子浸浴在舒服的溫暖裡。

　　　　　　　　　　　　　　——摘錄自林文月〈散步迷路〉

二、宋·陸游〈東村散步有懷張漢州〉

　　扶杖村東路，秋來始此回。寒鴉盤陣起，野菊臥枝開。

　　憂國丹心折，懷人雪鬢催。房湖八千里，那得尺書來！

上引二則詩文，各有它蘊含的旨趣，請用心思索、尋味後，將二則詩文的體會與自我的生命經驗結合，自訂題目，作文一篇。

解題指引

本題所引詩文分別為林文月的〈散步迷路〉和陸游〈東村散步有懷張漢州〉。從內容來看，林文月所述，呈現的是隨興的散步，自由自在地走，進而體會生命中的美好。而從陸游的詩中，可見作者內心充滿對國家的憂心，藉由散步抒發情懷，所以散步的理由各異，但在這段路途中，都能提供心靈的調適與自得。

因此，在文章中要能陳述出對於兩則詩文的體會，並依體會選取合適的材料來闡述，描述自己散步隨行的經歷，才能符合題目要求。

範文

散步隨行

散步是人生的一種浪漫，在微風徐徐的鄉野間慢行，在月明星稀的城市裡探險，四周景色不似搭乘交通工具那樣，只能匆匆瞥上一眼，而是會恣意地展現出最惑人的姿態，讓人深深著迷。

林文月在〈散步迷路〉一文中，提到散步理當隨興地走，因為途中的風景會讓人有著不同的感受。有時在街角駐足，欣賞酒紅如醉的落葉，或是開在路邊，散發隱隱幽香的玫瑰，有時路邊停留，為了孩童燦美的笑顏，又或是攤販老闆熱情的吆喝聲，提醒我們愛護大自然，也珍惜身邊的一切，這些無意中的收穫，都是生命中最美的禮物。但，即使是在帶著詩意的秋日散步，也仍不免有滿懷躊躇的時候，陸游扶杖村東路，即便寒鴉盤陣起，野

菊臥枝開，他仍「憂國丹心折，懷人雪鬢催」。但，這也無妨，因為在這散步的路途中，微風會吹散那鬱結，陽光會照亮那陰暗，那些你遺忘的本心、失序的生活，會在徐行中愈見清明。

從中學開始，每天都必須步行在公車站至學校間，這段路途約15分鐘的路，從公車站牌的田野到學校旁熱鬧的商店街，我總喜歡繞著路前行，發現不同的趣味，如最近是不是有什麼店新開幕？又或者哪間店又有什麼折扣？當考試考差時，我也總是坐在公園發呆，看著榕樹隨風搖曳的氣根，想好說辭再回家，遇上值得慶祝的時候，當然要到文具店給自己一個小小的獎勵，這段到學校的路途，累積了我許多歡喜或憂傷的青春記憶。

散步隨行，無論是隨意，還是有心，就在生活裡背負著浪漫的懷想，隨著思緒流淌，邁步向前，積累生命中的美好與喜悅吧！

範文賞析

　　本文分為四段。先從散步的特性著手，點出其浪漫的特質，接著在第二段中，分別針對兩篇詩文各自詮釋，佐以摹寫等修辭手法，讓情景躍然紙上，並書寫出散步隨行的收穫，都是生命中美好禮物的意涵，進而在第三段中，舉出自己散步隨行的經歷，分別呼應自然與人文的景致，闡述出自己對散步隨行的體會，最後緊扣詩文的意涵與自我經歷，說明散步隨行於生命中的美好與喜悅，讓文章文情並茂，層次井然。

題目十七

　　孤獨是一種狀態，也是一種感受，請閱讀上述詩文，以「樂在孤獨」為題，寫一篇文章，抒發對引文的體會，並描寫自身與引文所述情況的經驗感受。

解題指引

　　本題為閱讀式寫作題，先確實理解題意，掌握文章對孤獨的詮釋，然後發揮自身相關的經驗。寫作時可先歸納並重新表述對孤獨的理解和認同，以自己的經驗說明現實中對孤獨的心態和作法，並書寫

自己如何利用孤獨，發現自處的快樂，以追求孤獨，達到一種精神的
自樂境界。

範文

樂在孤獨

孤獨，意味著形單影隻、孤苦無依、彷彿被世界遺忘的失落
感，就如學者蔣勳所說的，每個人都害怕孤獨，因爲害怕，所以
拼命追求人群，選擇迎合和刻意趨同，但是不斷迎合，最終就是
迷失自己。

孤獨是一種處境，沒有人認同、理解和支持，即使身處人
群，那還是孤獨，有時委屈自己的想法，只爲了不想被排拒，這
樣的委屈即使不孤獨也是痛苦。我很喜歡蔣勳所說的，利用孤
獨，好好與自己相處，利用孤獨，好好的對待自己。有多久沒有
感受飯菜的滋味了，因爲吃飯的時候總是忙著說話，有多久沒有
好好地感受水的溫度，因爲洗澡時只顧著還有事情沒完成，你何
嘗好好地關照到每一寸肌膚是否有被好好地滋潤。

曾經，我也是那個害怕孤獨的人，我在意同學爲什麼揪團
不加我，逛街不邀我，寂寞的感覺，如寒冬，冷冷嗦嗦的。仔細
地想想，就算邀了我，我也不想參與吧！我只在乎是否受到關注
和疼愛。漸漸的，我不期待別人的邀約，我擁有主動的時間安排
權，獨自一人上街，那步調要緩要急，要停留多久，我都自在舒
心，沒有同行者，自然沒有顧慮和牽絆，那份輕鬆自在，讓我體
會了孤獨的快樂。

我開始喜歡獨處了，我有更多的時間安排自己，我上網，

看到五花八門的廣告、看到各條誇張和過度的標題，五官被強烈刺激著，我追劇，一齣接著一齣，心情隨劇情一高一低的。突然警醒到，雖擺脫了人的束縛，卻又掉進另一種牽絆和追逐，顯然的，我還沒有真正孤獨，還沒體會孤獨，心仍想追求，因為心空虛著。

怎麼樣享受孤獨之樂，王維坐在幽靜的竹林，與明月撫琴，為自己高歌。愛讀書的人，與智者為友，心神往來於宇宙間，心是充滿的、馳騁的，卸下外在枷鎖，逍遙自在，這樣的孤獨，是一種心的至高享受，我愛孤獨，樂在孤獨。

範文賞析

範文分為五段書寫，仍以起承轉合為布局。開頭兩段對「孤獨」的定義進行不同層次的描寫，後三段以自身經驗，發揮自身對孤獨的親身感受和體會。首段寫出一般人對孤獨的認知，並進一步說明為逃離孤獨，如何造成身心的疲累以及自我的迷失，並分析孤獨其實不痛苦可怕。第二段，承上一段的文意，說明利用孤獨，返回自我的關照，接受孤獨，回歸自我，修身養護，有主控的快樂，把孤獨從不痛苦，進一步提升孤獨是一種自在和輕鬆，接近樂的階段。第三段開始，以自身經驗發揮，印證第一、二段的孤獨感的接受歷程。先是害怕孤獨，幾次的孤獨之後，反而體會孤獨的快樂、輕鬆、自在。第四段是轉的寫法，有兩個方面表現了轉，第一個轉是外在生活孤獨轉到內心孤獨的探討，第二個轉是內心空虛轉為內心精神充滿的孤獨。第五段，則總結了真正的孤獨是內心精神世界與天地同寬廣的充滿，把孤獨的真正境界描寫出來，彰顯真正的、精神層次的孤獨之樂。

題目十八

一、唐・李白〈獨坐敬亭山〉

眾鳥高飛盡，孤雲獨去閒。

相看兩不厭，只有敬亭山

（註：敬亭山，在今安徽省宣城縣城北。）

二、陳列〈山中書〉一文也提到：

「我很喜歡坐在屋頂陽台上看這些山，看天光雲影在山間的映照徘徊。每一次，起初覺得眼前的危崖峻嶺一直在對我俯瞰逼來，帶著十足威嚇的意思，強大而沒有聲息，令人驚愕。坐久了趨於靜定，我於是就會感到它的神氣靈氣：堅實的風骨幽微露現，其中有它極為深醇的情趣和愛意。我終於認為這些山是有生命的，相貌精神都類似傳說中的達摩。我專心注視著它那種奇特的不言不語，看光影在它身上散步依停的樣子，胸中好像也在逐漸升起一座座靜默的山來，心裡陣陣神秘的狂喜。……晚上入睡前，閉目感受周遭的寧靜，我總是心懷感激。大自然如此渺漠，卻又如此可親，和我息息相關；我無法也不願割離。在黑暗中，我彷彿聽到了宇宙生命的呼吸和訓諭。我凝神諦聽。時間緩緩流過。」

——摘錄自陳列〈山中書〉

上面二則詩文中，李白和陳列都有「看山」的經驗，他們不是征服山的探險家，而是在「看」的體驗中，產生心情的變化，二則詩文均表現出其中的趣味。請以「看山」為題，作文一篇，內容須包含：

1. 說明李白和陳列在看山過程中心境變化的情趣。
2. 書寫自己觀看一座山的經驗。
3. 闡述「看山」時與山的心靈互動，以及人與自然獨處的精神體悟。

解題指引

一、審題重點：題目要求內容有三點：

1. 就兩則詩文中作者看山「心境的變化」作為開頭：必須把握作者對山的心情與情趣做闡述，不能僅是翻譯詩句或是簡述文章，無法切題。
2. 必須說明自己親身的經驗：需要注意題目要求是「看山」而非「爬山」，以免離題。
3. 結合心靈的體悟：寫作的情意必須探索心靈的深層感悟，不可淪為一次的旅遊經驗談。
4. 內容雖涵蓋三點，必須符合文章的架構與具有整體性，切勿以回答問題方式寫作。

二、立意取材：

1. 確定寫作的方向：歸納整理李白與陳列看山的相同旨趣，再與個人經驗結合一起。
   李白〈獨坐敬亭山〉與陳列〈山中書〉共同展現將自己融為自然當中，體悟自然界的生命，並非執著於表象的山景，而是在山中看到「自己」。
2. 個人的經驗書寫：可以從生活中的家族旅遊，或者是學校的畢業

旅行作爲創作的材料，切勿泛泛空談，必須扣合「自己與山的共鳴」──「看到什麼？」、「感受到什麼？」、「成長了什麼？」

範文

看山

　　靜默等待鳥飛雲散，空曠閒淡之際，李白與敬亭山彷彿是宇宙間唯一的知己，在兩眼相看之間永不厭倦；陳列在屋頂陽台看山，心境轉爲靜定後，山之於陳列，成爲了與宇宙合一的媒介。我想，李白和陳列都在山中找尋自我，回歸於最樸實的自我樣貌，也同時在寂靜獨處中，再次感受生存的熱情。

　　曾經，我也登上層巒疊嶂、群峰擁抱的山群，但我與李白和陳列一樣，擁有一座早已在心中矗立不搖的山，那是位於社頂自然公園裡的奇山，而我與它的相遇是在某一年的四月初，春天晴朗的時節，那是屬於一群人的畢業旅行。

　　走入社頂公園時，導遊不斷提醒我們注意腳下濕滑的山徑，以及狹小難以通行的峽谷，兩旁凹凸不平由珊瑚礁形成的崖壁，在石縫中攀爬著曲折參天的古木，雖然是春天，但是沒有群芳的繽紛，我所看到的山景幾乎是礁石與大小樹木拼湊而成的景色。不知走了多久，終於在山路的盡頭，迎來一大片的草原。我望著圍繞草原周圍的山，稜線十分有個性，大方展現各自的姿態，在陽光與白雲的襯托下，讓我感到驚奇與訝異。

　　此時兩腳已癱軟的我，被草原的柔情安慰著，我獨自坐下，並抬頭看著眼前的山巒，它彷彿是個先知，要我們走過一段崎嶇

的路程，最後才能接受它的撫慰。我看著它，不知道它經歷多少時間的洪流才能造就如此的壯闊？不知道它如何接受多少旅人的去來，看淡離合，還能以堅定的姿態展現一方？於是我明白了，在這趟名為畢業的旅行中，我也必須向它學習告別，告別有限的相聚時光，告別以往怯懦的自己，踏出獨立且踏實的步伐，走向新的人生。

常常想起那座山，想起它的溫柔與堅強，在繁華似錦或艱難苦澀的生活中，心中總有那麼一座山給我鼓舞，讓我能以更高的視角俯瞰生命，體會寧靜中所蘊藏的無形力量。

範文賞析

範文一共分成五段，就內容架構來看，以起承轉合進行佈局：

起——（第一段）：著重在說明李白與陳列看山的心境，除分別說明外，還做一統整，整理出共同的旨趣，抓住題目的核心重點，在看山中找尋自我，並且蘊藏有生命的力量。

承——（第三段）：為了避免文章獨立成段，缺乏篇章架構，有問答體之疑慮，範文特別結合李白與陳列和自己心中的山。

轉——（第四五段）：此部份為全文重心，談論個人看山的經驗，從畢業旅行談起，最後由自己獨自的面對生命離合的課題，是承接李白與陳列對於生命的力量而來，而且必須自己獨自面對所有的課題。

合——（第六段）：總結上文並且提升情意，不管生命中的順遂與困難，獨處的力量足以讓自己成長。

就寫作技巧來看，範文運用的方式如下：

1. 以對比鋪排說明：分別論述除了說明清楚之外，句式的整齊亦能展現文章的氣勢。

2. 以視覺摹寫寫景：範文能將眼前之景透過摹寫交代清楚。

3. 以設問法帶出心靈層次：透過與山的對話，以設問方式帶出自己在看山中所獲得的領悟為何？

總而言之，文章的審題很重要，必須清楚了解題目的核心問題之後，再由此核心推演展開，另外在詩文的統合整理的功夫也不可輕忽，切勿僅看到字面解釋，要能從個人的感受上延伸情意的表達。

題目十九

一、《論語·先進》

子路、曾皙、冉有、公西華侍坐。子曰：「以吾一日長乎爾，毋吾以也。居則曰：『不吾知也！』如或知爾，則何以哉？」子路率爾而對曰：「千乘之國，攝乎大國之間，加之以師旅，因之以饑饉；由也為之，比及三年，可使有勇，且知方也。」夫子哂之。「求！爾何如？」對曰：「方六七十，如五六十，求也為之，比及三年，可使足民。如其禮樂，以俟君子。」「赤！爾何如？」對曰：「非曰能之，願學焉。宗廟之事，如會同，端章甫，願為小相焉。」「點！爾何如？」鼓瑟希，鏗爾，舍瑟而作。對曰：「異乎三子者之撰。」子曰：「何傷乎？亦各言其志也。」曰：「莫春者，春服既成。冠者五六人，童子六七人，浴乎沂，風乎舞雩，詠而歸。」夫子喟然歎曰：「吾與點也！」

二、《史記・孔子世家》

　　他日，靈公問兵陳。孔子曰：「俎豆之事則嘗聞之，軍旅之事未之學也。」明日，與孔子語，見蜚鴈，仰視之，色不在孔子。孔子遂行，復如陳。

　　聊天是閒情時與他人談話，然而「聊天」是否僅是一種抒發呢？請閱讀上面兩則引文，以「聊天」為題目，描述自己對於「聊天」這件事的看法，以及在自己的生活中曾有過精彩或印象深刻的聊天經驗。

解題指引

一、審題重點：

1. 對於引文兩篇材料的整理：可以提出「聊天」的多元價值與意涵。
2. 書寫親身聊天的經驗：舉出自己聊天的對象、過程與體悟，須以完整的段落書寫，切勿將整個聊天過程以對話形式呈現，文章的流暢度會顯得不足。

二、立意取材：

　　本題作文要求與限制並不多，僅是從引文中讓學生思考聊天的意義，並且提出自己的經驗，因此同學在取材上，可以從中剝絲抽繭，在大架構之下，可以融入幾個想法於文章中：

1. 什麼是聊天？聊天對你而言，其意義為何？
2. 聊天是否僅限於學習？（跳脫引文的思維，回歸自身的生活體悟）
3. 你從聊天中獲得什麼樣的收穫？

範文

聊天

　　聊天，本是一種閒情時的抒發，然而孔子透過與弟子的聊天，拓大了學習的涵養。學習就是在聊天過程中享受樂趣，投入一個小題目便在心湖擴大了思維的漣漪，透過團體的思辯產生多元面向的影響力，而這連鎖反應也造就了無數智者的產生，其個性、才情雖然不同，卻有相同的風範。

　　從孔子的聊天經驗中，可探知聞道與解惑的喜悅，也可見到和衛靈公相處時貌合心離，與夏蟲語冰的無奈，因此聊天的對象、內容以及聊天過程的享受都是必備的條件。而聊天除了學習的樂趣外，聊天也應該與對話者有心靈的交流，最好像是王羲之的蘭亭集會，得以晤言一室之內、取諸懷抱，透過面對面的會談，讓彼此關係更加貼近。但也許是因為現今交流的管道變多了，要聊上天不再是那麼困難，只要透過各種通訊軟體，不管認識與否，均可以天南地北閒談一番，然而這樣的聊天模式，竟不如孟浩然與故人「開軒面場圃，把酒話桑麻」的暢快。

　　曾經的我年少輕狂，總以為自己是籃球場上的焦點，隊友對我這樣的行為雖不以為然，卻也沒有人明白告訴我。但是在一次球隊練習過後，教練將我留在休息室，在與教練聊天的過程中，他指出我急功好利，總忽略了團體合作的重要性。教練告訴我，打球也是一種修行，比賽是展現自己的大好機會，但也別忘記光靠自己一人是無法完成比賽的。

　　在與教練聊天後，我領悟了光榮並非是個人獨享的權利，應是全隊上下一心，朝共同目標努力，就算是失敗也，也是值得喝

彩的光榮；我也領悟了謙虛是一種彈性，在自滿之前，給予自己沉澱的空白，足以累積更大的力量。

聊天，可以使人汲取知識，也可以使人獲得智慧的啓迪，這重要的是，在聊天過後，不斷反芻與回味談話的點點滴滴，這是深層對話所帶來的餘味無窮，勝過浮誇的言語。

範文賞析

本篇範文其篇章結構，以起承轉合佈局：

起（第一段）：從引文出發，說明聊天具有啓發知識的影響力。

承（第二段）：第二段部份，設定聊天的條件，舉出孔子言論，增加文章的內容深度。設定聊天也能在心靈上具有啓發的作用，以作爲下段自身聊天的發端。

轉（第三四段）：舉出自己的親身經驗，第三段部份注重於聊天的原因與過程，第四段則是著重在聊天之後自己心靈上的收穫。

合（第五段）：總結全文，再次強調聊天在精神上的富足體悟。

在寫作技巧上，採層層堆疊的方式，娓娓道來：

1. 從大到小：聊天經驗→聊天與學問→聊天具備條件→聊天與心靈→自身經驗→聊天的體悟。
   同學必須掌握自己書寫的重點在哪裡，除了合乎題目要求之外，想法亦可以多元，否則便淪爲單一無趣的文章了。
2. 從外到內：從聊天與學問過渡到聊天與心靈啓發，開啓自己的經驗，承上啓下，亦不和引文或是文章內容矛盾與衝突。重要的是，不可只交代聊天的過程，必須延伸出情意，也就是在聊天後你的想法與收穫，或是智慧的增長與啓迪。

題目二十

一、

賣炭翁，伐薪燒炭南山中。

滿面塵灰煙火色，兩鬢蒼蒼十指黑。

賣炭得錢何所營？身上衣裳口中食。

可憐身上衣正單，心憂炭價願天寒。

夜來城外一尺雪，曉駕炭車輾冰轍。

牛困人飢日已高，市南門外泥中歇。

翩翩兩騎來是誰？黃衣使者白衫兒。

手把文書口稱敕，回車叱牛牽向北。

一車炭，千餘斤，宮使驅將惜不得。

半匹紅紗一丈綾，系向牛頭充炭值。

——選自白居易〈賣炭翁〉

二、

崇明縣有吳姓老人者，年已九十九歲，其婦亦九十七歲矣。老人生四子，壯年家貧，鬻子[1]以自給，四子盡為富家奴。及四子長，咸能自立，各自贖身娶婦，遂同居而共養父母焉。

老人飲食之所，後置一櫥，櫥中每家各置錢一串，每串五十文。老人每餐畢，反手於櫥中，隨意取錢一串，即往市中嬉，買果餅啖之。櫥中錢缺，則其子潛補之，不令老人知也。老人間往知交遊，或博弈，或拇蒲[2]。四子知其所往，隨遣人密持錢二三百文，安置所游家，並囑其家伴輸錢於老人。老人勝，輒踴

躍持錢歸，老人亦不知也。亦率以爲常[3]。蓋數十年無異雲。

（摘錄自陸隴其《崇明老人記》）

---

[1] 賣掉孩子。
[2] 古代一種賭博性的遊戲。
[3] 習以為常。

人生際遇各有不同，而每個人也終究會邁向老年，但你是否有試想過，當你年老時會過著什麼樣的生活呢？請閱讀上述兩則引文後，以「老的揣想」爲題，寫一篇文章，抒發對引文的體會，和自己對年老生活的預想。

解題指引

本題要先掌握引文的旨意，再根據題目來發揮，題目要求對引文的體會和感想，寫作時，務必先掌握引文中所書寫的主要事件及深層旨意。

題目「老的揣想」，主要是揣摩老人可能面臨的各種身體變化和生活上的難題。當然必須讀出引文中對老人因人生際遇的不同，而面臨著不同的處境，從而發揮對老年應有的較爲積極的作爲與期待。並把平常對老人的一些現狀觀察加以書寫或批評。如此才能有契合題目要求。

本文撰寫可以並列式的多段落來呈現，分別談及老的狀態及可能面臨的狀況，最後再總承各段給予需求，段落綱要可以如下安排：

1. 對老的總體感傷
2. 老的狀況—需求—困難—渴望
3. 總結老了之後，提出老人的想法

老的揣想

　　還年輕的我，讀著韓愈自述：「髮蒼蒼、視茫茫而齒牙動搖。」腦中浮現的是一個糟老頭的模樣，一絲竊笑藏在心頭。我想，若我老了，再讀韓愈，應該會有不勝唏噓之嘆吧！

　　從沒想過，有一天「老」這種東西，會出現在我身上，視力、聽力、體力、判斷力，每一種反應生命強度的機能都逐漸消失了，但生活還是得繼續，年老的我該如何自處呢？我將會像賣炭翁這樣為生活忙碌與擔心，還是能夠像吳姓老人般，過著無憂無慮的晚年生活？

　　當我老了，我得帶著反應遲鈍的身體出門，我不知道能否安然地通過沒有紅綠燈的馬路，我當然知道要先看清左右有沒有來車，但是我看不清啊！我也不敢保證，是否能聽得到幾公尺外傳來的喇叭聲，正朝著我警示。也不知是否還有腿力、體力，走上天橋或地下道。當大家在歌頌公共交通多麼發達便利時，對一個拄杖拐行走的老人家而言，從出門到登上車的那一點路，卻是這麼遙遠。

　　當我們處處標榜無障礙空間、友善社會，老人的彎腰駝背、眼盲耳背，從沒被認真地想過，這算不算障礙。也許老了，就該安安分分地待在屋子裡，不要出來亂跑，馬路從來不是給老人走著的。那什麼時候，這個社會會給還有一點薄弱行動力，不願麻煩家人，不需等待善心人士協助的老人，能夠從容自在地走到想要去的地方，做想要做的事的環境呢？

　　如果我老了，一上公車，有人自動地讓座，我一定要大方地

坐下來，然後對讓坐的人給予感謝和讚美。我老了，有人對我施以幫忙，投以友善，不管我需不需要幫忙，或在不在乎別人友善的態度，我都要欣然大力地接受。這個社會需要建立對老人的體貼，變成一種社會文化，也因此我從現在開始，便要在生活中實踐。

範文賞析

　　本文共分五段書寫，一開始寫年輕時候看到老者的心情，是一種對老年的輕視和不在意。反映了大部分人對老的心態。接著寫出老的生命現象，感受生命力逐漸衰減，卻仍要應對日常生活的覺醒，並結合引文進行陳述。更進一步寫出獨自出門、走在馬路上、搭車的整個狀況。以這個事件寫老人，是普遍觀察得到，且是生活必須的舉動，這不需要特殊的體會，直接訴諸所有人老的狀態描寫。且呼應了文章開頭「視茫茫」的共同老態。

　　除了對老態的描寫之外，還以第一人稱的口吻說出心情，以及對處處標榜友善、無障礙、進步的社會氛圍提出質疑和否定。並進一步的提出社會的期待，給還有自理能力的老人有自理的尊嚴，和減低社會對老年的照顧需求。最後一段以老者可能受到的友善待遇進行陳述，寫出了感謝的心情，並以鼓勵接受協助來培養整體社會對老人的關注和友善。

　　寫作手法以第一人稱敘寫，以親身感受和心理想法增加文章的抒情力度，先具體描述外在的行為，進而寫內心的想法，繼而提出批判、想像和建議，敘述說明具有層次感。

題目二十一

一、東漢「古詩十九首」之〈生年不滿百〉

生年不滿百，常懷千歲憂。

晝短苦夜長，何不秉燭遊？

爲樂當及時，何能待來茲？

愚者愛惜費，但爲後世嗤。

仙人王子喬，難可與等期。

二、柳永《雨霖鈴》

寒蟬淒切，對長亭晚，驟雨初歇。

都門帳飲無緒，留戀處，蘭舟摧發。

執手相看淚眼，竟無語凝噎。

念去去千里煙波，暮靄沈沈楚天闊。

多情自古傷離別，更那堪冷落清秋節。

今宵酒醒何處，楊柳岸、曉風殘月。

此去經年，應是良辰好景虛設。

便縱有千種風情，更與何人説。

　　上列二則詩作，請仔細閱讀之後，以「夜未眠」爲題，作文一篇，內容須包含：

1. 對兩首詩作的看法。

2. 闡述「晚睡」或「失眠」的痛苦或快樂。（苦與樂擇一心境描述即可）

3. 書寫自己曾有過「晚睡」或「失眠」的親身體驗和解決之道。

解題指引

一、審題重點：題目要求內容有三點：

1. 必須分析與歸納〈生年不滿百〉與《雨霖鈴》兩篇詩作中的看法，同學須掌握兩位作者在書寫情感上的不同。

2. 需表明自己對於「晚睡」或「失眠」的苦或樂，注意不需苦樂皆論述，擇一則可。

3. 書寫自己「晚睡」或「失眠」的經驗和解決之道，因此必須兼顧「經驗的過程」和「解決的方法」（如果是痛苦的感受，你做了什麼紓解晚睡或失眠的痛苦；如果是快樂的感受，你做了什麼讓自己感到快樂的事情，亦務必要具體表達出來）。

二、立意取材：

必須掌握從對時間的感受到晚睡或失眠的關係，兩者之間串聯清楚，不宜各自表述，顯得文章四分五裂。另外，可從生活體驗中產生出個人的情趣（樂）或不舒服的感受（苦），在情感的論述上，不可以輕率帶過，以免文意流於淺薄。

範文

夜未眠

名為時間的長河裡，人類彷彿搭乘一艘小船，載浮載沉，最後消失於無涯，這樣的情懷古今皆然。古詩十九首〈生年不滿百〉的作者因為白晝之短暫，而感知生命倏忽即至暮年，仙人王子喬長生不老的傳說，實非常人所能達致，體悟到「生年不滿百」，因而吶喊出「為樂當及時」，而柳永執著於情感的逝去，對過往的感傷與喟嘆，則又是另一種未眠的情懷。

或許日月的運行，四時序列的永恆讓人類體悟到時間的絕對性，然而情感上卻又擁有了對時間的不捨與依賴。憑藉夜晚的魅力，寧靜更讓人自然地與自身心靈對望，如此方能仰望星星在屋瓦汲水，汲取那一晚的綿綿情意。

　　我愛晚睡，我更愛晚睡時光裡恣意享受黑暗中的一方孤寂，我想，只有晚睡的人，方能剪一片月光包進詩集中；也能在蒼茫的月下，當一個自由意識的人，什麼都可以想，也可以什麼都不去想；或者輕聲唱起陳奕迅的歌，想著情人的滋味，就能把枕頭變得更甜美。尤其是在週末的夜晚，不必顧慮隔日的行程，盡情地向睡眠預支時間，拋去了課業的繁忙，褪下了白天考試的知識，卸下了一切的束縛，我只剩下一個最原始的自己，而此時心智卻也無比的清晰。

　　晚睡的時候，我總愛喝上一杯熱紅茶，聽著喜歡的音樂，閱讀喜歡的小說或詩集，彷彿自己就像個嗜吃文字的爬蟲類；也喜歡滑著臉書，彷彿自己與整個世界連結在一起，不管認識與否，我與他們一同悲喜；也喜歡開著電腦，逐字打下我所有的文思情感，在黑夜中瘋狂地讓靈感奔馳；也可以追起偶像劇，讓心情隨著劇情高潮起伏；在夜晚，我不必刻意去想如何消磨時光，直到睡意被釣起。

　　當睡意來臨時，也宣告我與自己遊戲的時間結束了，在意識朦朧與清楚之間，我知道我度過了一個既充實又快樂的夜晚，晚安，親愛的自己。

範文賞析

　　本篇範文共有五段，其文章架構以起承轉合佈局：

　　起（第一段）：範文能夠掌握兩則詩作的情感。

　　承（第二段）：承上段結合古今對時間意識的看法，並且統結流逝的時間中，夜晚最能給予人心溫柔的慰藉，也為自己下段晚睡的樂做開端。

　　轉（第三四段）：說明自己晚睡的經驗，第三段交代自己喜歡晚睡的時間點，第四段則延伸發展晚睡時刻所做的事情，娓娓道來。

　　合（第五段）：以睡覺來臨作結，與自己道晚安的方式，頗能引發讀者會心一笑的巧思。

第三節　圖文賞析類型

題目二十二

不用出門補習，寫好國寫作文不難

本圖是凱文・卡特獲得普立茲新聞攝影獎的作品《哭泣的蘇丹》，但他卻因拍攝照片，遭受了非難與質疑，認為他沒有第一時間援助孩童，而是選擇了拍照，即使後來蘇丹因此獲得了許多援助，批評仍未停歇，最後凱文受不了這些批判而選擇自殺，也因此造成許多爭議。請觀看照片與說明，以「誰是禿鷹？」為題，寫一篇文章抒發你的看法與感想。

解題指引

本題需要確切掌握題目中的要求，根據圖片書寫個人感受，並需要在情感面多發揮展現。

本題題旨明確，獲得普立茲新聞攝影獎的凱文，並沒有因為獲獎帶來的榮耀而喜悅，卻因為承受不住這排山倒海的批判而選擇自殺，可以從題目「誰是禿鷹？」切入，現實生活中誰扮演了禿鷹來抒發感想。另外，事件中處處透露著矛盾與衝擊，如果把這些矛盾也書寫出來，從現實人生去發揮，則行文意境更高。

寫作時，須從題目中找到幾個主要事件，再配合照片抒發個人的意見和想法：
1. 對禿鷹的感想，現實禿鷹和事件中禿鷹的比較。
2. 對凱文的人格、事件及遭遇、發揮個人的評論及感受，並從矛盾、諷刺、對比去陳述。
3. 對批判者作為的審視與感想。
4. 從這件事情上得到的省思和啟示。

誰是禿鷹？

看見禿鷹，就嗅聞到死亡的氣息，作為一個大自然的清道夫，謹遵生物的掠食規律，並不會主動攻擊垂死的人，而是在一旁等待，等待對方自然的死亡。而人類社會中的禿鷹，只要發現了獵物，卻迫不及待地發動攻擊、致人於死，更可恨者，是擺出了鳳凰般的優雅高貴。

照相，尋找的是美麗與感動，而凱文，一個從小就充滿正義感的攝影師，搜尋的是苦難和不幸，透過鏡頭，揭舉了事實和真相，拯救不少難民。這一張禿鷹與小女孩的照片，也正發揮了這樣的功能，受到拯救的，不僅僅是小女孩，更是成千上萬的南非難民。

這樣的攝影家，展現的是人道關懷，理應受到肯定和表揚，為什麼會受到批判呢？沒有人會批判戰地記者拍攝戰爭的傷亡場面，也沒有人質疑他們為什麼不放下鏡頭，去抬救傷兵。而為什麼偏偏是凱文的這張照片，受到非議和責難呢？要怪就怪在這張照片得了普立茲的新聞攝影獎。批判者看到苦難在前的心痛，而質疑凱文面對災難竟能冷靜地按下快門，這些專業的冷靜批判者，變成了冷血的解讀，而非人同此心的悲憫。加上獲獎的光榮，更挑動批判者的神經，苦難和榮耀一旦結合，榮耀不再高尚，而是充滿心機，所以批判者認定了凱文成為消費苦難的受益者。

凱文用鏡頭拯救了苦難，他獨到的眼光、專業本能以及悲憫，獲得了這份榮譽，但社會沒有給他肯定和鼓勵，普立茲獎給

了他，然而批判者的無情，不但漠視他的貢獻，反而集體扼殺。批判者藉人道和悲憫爲由，形成另一種盲目的道德虐殺。他們批判了凱文，獲得了自以爲是的正義，但誰來批判和反駁這群批判者呢？也許每個人都扮演了這樣的角色而沾沾自喜，卻不知自己不知不覺也成了虎視眈眈、目露兇光，逼人於死的禿鷹。

範文賞析

　　範文分爲四段，首段以禿鷹破題，以人類社會的禿鷹和自然界的禿鷹作對比，並以鳳凰和禿鷹形象對列，說明一整個事件中的人竟比禿鷹更可怕、更虛僞。

　　第二段以照片爲抒發重點，寫出了照片的價值和意義，即引起世界的關注，引發聯合國人道救援。第三段以照片獲獎論述，評論同樣的傷亡苦難的現場照片，爲什麼不會受到質疑和批判的兩種不同立場，暗示了凱文受到的批判是不合理的。並分析批判者的可能想法和直指事件的關鍵和核心—獲獎。第四段平衡整個事件的的功過，凱文的照片功勞有普立茲獎給予肯定，但這份肯定卻引起凱文的災難甚至毀滅。從這個對比和轉折是本文的重要關鍵，凸顯了這些批判者的禿鷹形象。最後以道德虐殺、沾沾自喜，形容這類社會禿鷹得逞後的形象。

　　整體文章對事件的論述，純以照片、得獎、批判的事件來發揮，不涉及凱文的人格形象或過往事蹟。即使凱文的動機是爲參賽，但照片功過已超越動機，再者其他人也無權去指責別人的道德或不道德，因爲道德是修養和情操，不是表面的行爲。

題目二十三

（引自詹冰《自畫像》）

一、圖像詩是以文字作視覺形象呈現，表達出情意或訊息的詩作。
　　而詹冰的《自畫像》一詩，以「淚」象徵人，在滿天的「星」和
　　滿地的「花」環繞間，傳達出什麼樣的情意或訊息呢？請予以說
　　明，文長限150字以內。
二、請閱讀詹冰《自畫像》一詩，思索其蘊含的旨趣，結合個人生命
　　經驗與體會，以「人生如歌」為題，作文一篇。

解題指引

　　本題以圖像詩作為文本，讓學生進行詮釋，在題目中已提供線
索「以『淚』象徵人，在滿天的『星』和滿地的『花』環繞間」，讓
學生能以此切入進行說明。而在長文寫作中，題目要求要能結合詹冰
《自畫像》一詩的旨趣，因此，要能點出詩中「人生總是歷經挫折與榮
耀，因此方能圓滿」的意涵，並以自身經驗進行說明，才能切合題意。

範文

一、

　　詹冰以「淚」作人，陳述出人的一生會經歷過許多挫折、榮耀，遇到挫折流下淚水，經歷榮耀，亦會落下眼淚，因此，我們在一次次的歡笑與心傷中成長、茁壯。詩中也呈現出人生在世總會歷經變換，我們要經歷滿天閃耀星光，遍地迷人花香的輝煌燦爛，如此的一生才會圓滿。

二、

人生如歌

　　人生是一首歌，有時慷慨激昂，有時卻平淡深刻，但總是深意雋永，情意動人。

　　詹冰在《自畫像》詩中，以星為天，花為地，在天地間奮鬥的人們，為人生時而歡喜，時而哀傷，流下了眼淚，這含括在天地中真摯的「淚」，是自身活過的證明，也是其獨一無二的價值所在。也因此，這樣的人生是無法反覆重來的。人，總以為自己還年輕，轉眼間已到了決定自我未來的年紀，再一瞬目，已投身職場、成家立業，再接著便將人生半百、年逾花甲。

　　歲月從不曾稍作停留，漫步人生，只能攢著在生活中獲得的那一絲苦，咀嚼砥礪，那一點甜，喜悅於心，然後擁抱著心中的夢和熱情繼續前進。困厄和歡愉只是短暫的，若遇到困難便放棄，喜獲成功便自滿，終將一無所得。人生，總有很多的渴求，不會永遠只得到甘美的糖，要吃下的苦澀果子也不在少數，但圓滿與否，仍得完整走過，方能體會。

曾經，我在自我的追尋中迷失，看著他人的成功，認為時不我予，牢騷滿腹，而自己表現優異時，卻又志得意滿，驕矜狂妄，卻不曾想過，這終只是人生的一個歷程，人生又有多少這樣難以言喻的體驗在等待著我們呢？這都是為了讓我們能體會隱含其中的幸福與感動。

　　人生如歌，憂傷時低吟，歡樂時高聲歌唱，要讓那旋律一遍一遍又一遍，迴響心中，才能終而無悔。

範文賞析

　　在第一個問題中，為掌握在字數內回答，短文直接切入以「淚」為主體，點出「星」、「花」的意涵，進而說明三者的關係及其意涵。在第二個問題中，首段先破題，說明「人生」與「歌」間的關聯。第二段引詹冰詩作，回應題幹要求，並藉以點出「人生總是歷經挫折與榮耀」的意涵，並於第三段寫出「只有歷經這一切，方能圓滿」的段落要旨，第四段舉出自己的經歷回應前文，抒發自我情意，並藉以帶出結尾，陳述人生終要體會方能無悔的體會。文章層層遞進，情意真摯，藉由對《自畫像》一詩的體會，表達自我對人生的期許。

第四節　自我練習

★牛刀小試一

一、白居易《醉贈劉二十八使君》

　　為我引杯添酒飲，與君把箸擊盤歌。

詩稱國手徒爲爾，命壓人頭不奈何。
舉眼風光長寂寞，滿朝官職獨蹉跎。
亦知合被才名折，二十三年折太多。

二、劉禹錫《酬樂天揚州初逢席上見贈》
巴山楚水淒涼地，二十三年棄置身。
懷舊空吟聞笛賦，到鄉翻似爛柯人。
沉舟側畔千帆過，病樹前頭萬木春。
今日聽君歌一曲，暫憑杯酒長精神。

請閱讀上列詩作，回答以下問題：

問題一：上面兩首詩作，乃白居易和劉禹錫這對友人在揚州相逢時互相餽贈。兩人在從政之路皆飽受挫折，經歷亦有相似之處，因此結爲好友。從詩中，可分別窺見二人對人生的看法，請列點分別說明其人生觀。

問題二：劉禹錫在詩中寫道 沉舟側畔千帆過，病樹前頭萬木春 一句，表達了面對人生挫折的相應之道。請以 人生之路 爲題，作文一篇，詮釋自己如何面對人生挫折，並抒發對劉禹錫所述的看法。

★牛刀小試二

美，存在於自然之中，俯拾即是，北宋理學大師程顥在生活中體悟出「萬物靜觀皆自得，四時佳興與人同」，說明只要細細品味便能享受四時的美景樂事。對於美，是在觸景之際瞬間迸發，產生喜好與投入；對於美，是無跡可尋，無法理性分析和思考。

張讓在〈從無聲到有聲〉一文中，談到她對美的敏感，往往可在平常無奇的物件如陶杯、卡片、貝殼、石頭、油漆刷牆的筆觸和小花等，經歷美的遭遇，接收美的震撼，並且無法以知性去分析。美的感受在我們的生活中，歷歷可數，而且經歷每一場美的遭遇也只能透過自身與對象的單獨共鳴，是旁人無法插手也無法干涉的，古今多少文人便是在一次次美的遭遇中，創造出無限動人的篇章，宗白華的小詩：「啊！詩從何處尋？在細雨下，點碎落花聲，在微風裡，飄來流水香，在藍空天末，搖搖欲墜的孤星！」在與萬物靜觀自得的相互觀照下，細雨、微風與孤星，竟也能帶來如此的情趣。

　　於是，我開始留意身邊的美，遭遇每一場美的震撼與撞擊，我感知在春天繁花盛開的生命美；在秋冬蕭瑟中卻又結實纍纍的收穫美；在百貨公司陳列精品的華麗美；在路旁石縫中小草殘敗卻又堅忍不拔的美；在縱馳商場上領導者的魅力美；在烈日下勞動者的勤奮美；我了解到生活即是美，因為我是真實生活於這個世界，從有形到無形，天地有情，因情而生美。

　　而在我日常生活中震撼最大的美的感動，莫過於是學校的紅樓。我坐在教室裡頭，聽著一堂又一堂的課，看著一位又一位老師辛勤的傳道，數著一學期又一學期的寒暑假，我從懵懂無知的高一蛻變為成熟的高三生，我感受到美就在於「成長」。在紅樓求學的學子，不知歷經多少年歲，一屆一屆送往迎來，每屆的學子成長高飛，而紅樓卻永遠矗立，隨著時間的流逝，它也開始斑駁，但是，這是歷史文化的痕跡，卻乘載著每個學子的青春夢想，我覺得，真正的美是可以超越時空，達到永恆的境界。

　　美的遭遇是一場生命的饗宴，它關照了我的努力與成長，它

也包容了我的無知與狂妄。

請閱讀上文後，寫一篇文章，發表你對「美」的看法，並抒發自己所遭遇過美的經驗感受與體會。

★牛刀小試三

一、張潮《幽夢影》

花不可以無蝶，山不可以無泉，石不可以無苔，水不可以無藻，喬木不可以無藤蘿，人不可以無癖。

二、《世說新語・雅量》

祖士少好財，阮遙集好屐，並恆自經營。同是一累，而未判其得失。人有詣祖，見料視[1]財物。客至，屏當[2]未盡，余兩小簏[3]，著[4]背後，傾身障之，意未能平。或有詣阮，見自吹火蠟屐[5]，因嘆曰：「未知一生當著幾量屐！」神色閑暢。於是勝負始分。

1　整理。
2　收拾。
3　竹箱。
4　藏。
5　為屐上蠟。

癖好是一種對事物的執著，也因此，有人收集郵票，有人蒐羅錢幣；有人喜好正裝的打扮，有人則是一雙拖鞋行天下。請閱讀上述詩

文，寫一篇文章，抒發對詩文的體會，並提出自己對於癖好的看法，以及自己生活經驗中的感悟。

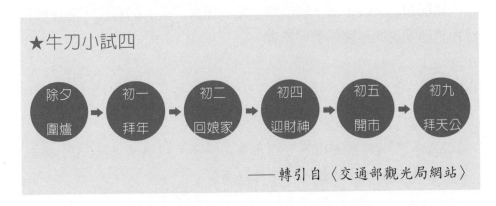

★牛刀小試四

除夕
圍爐　→　初一
拜年　→　初二
回娘家　→　初四
迎財神　→　初五
開市　→　初九
拜天公

——轉引自〈交通部觀光局網站〉

　　新年一直是我國傳統的節日，有除舊迎新的意涵，從除夕到初九，天天都有不同的活動。請閱讀上圖，談談你對傳統春節習俗的感受，並分享你的經驗，抒發這樣的節日對你的意涵。

寫作問題探析

第一節　常見寫作問題

綜合整理同學寫作時常見的問題，可分為以下幾點進行論述：

一、文章沒能緊扣住題意

審題是寫作開始的重要步驟，釐清題目的意涵，始能選用合適的材料，建構文章內容，如果一開始即理解錯誤題目的意思，整篇文章的內容將產生偏誤，甚至離題的情形。如參考試卷中「創造與發現」一題，有同學在寫作文章時，沒能留意到「發現」與「發明」的差別，雖然全文寫的都是「發現」一詞，可是陳述的內容卻都是「發明」的意涵，更遑論有的同學在一開始就將題目寫成「創造與發明」，這都是在一開始沒能看清題意，才犯下的錯誤。

二、沒有完成題目的要求

國寫題目分成兩類型一類為知性題，一類為情意題。面對知性題時，應以邏輯論述進行呈現，而書寫情意題則要能著重情意表達。因此，同學若不能掌握住兩者的不同，便不易掌握好的分數。

同時，國寫命題並非單純的「引導式命題」，其在題目中會清楚提出須完成的要求，這些都是必須讀懂與完成的，因為讀寫能力的檢核也包括能否讀懂題目要求。以106學年度的國寫試測為例，其知性題列舉四項援助行為，請應試者進行分析，並要求條列式作答。

請仔細閱讀以下四則事例，一一分析馮諼、朱家、士紳、廠商他們行為背後的原因或目的，然後分別加以評論。

注意：請以條列方式分別作答，四則事例每一則皆需分析、評論。

因此，應試時回答該題若沒有以條列式回答，或者四則事例皆分析，即使文筆再好，論述再清楚，等第最高也不會超過B＋級。所以同學在審題時，需要讀懂閱讀材料或題目要求，才進行發揮。

三、整體布局與結構不佳

正文是一篇文章的核心，也是為文論述的焦點。因此，開頭、結尾的內容遠多於正文敘述的文章是結構不佳的，顯然在段落的分配與架構的規劃上出現了問題。另外，文章寫作應有其邏輯性與照應性，內容不可紊雜陳述，重要的部分要能貫穿全文，以呼應主題，這些都需仰賴寫作者布局與架構的能力，這也是許多學生缺乏的部分。

四、文章未完或結尾離題

文章寫作時間未能掌握，導致文章未完成，或者結尾離題，是同學寫作時最常見的問題。結尾是一篇文章最後的總結，應要能照應全

文，然而，許多同學沒有在寫作前構思的習慣，往往一拿到題目，便振筆疾書，但也因此讓文章缺乏主軸，以至於寫到最後完全偏離主題。也有部分同學容易產生結尾的迷思，無論前文的語氣為何，每到結尾便會置換一副口吻進行書寫，形成文章的不連貫。另外，許多人也常有構思太久的問題，無法把握寫作時間，以至於交卷的鈴聲響起時，只能匆匆結束，導致文章並未完成。

五、文句冗贅或是不流暢

　　很多同學會認為文章應該要多運用成語，藉以提升文章的內涵，也能展現自己的語文能力，然而，常見的問題是同學誤解所要運用的成語意思，導致放在文章中，與前後文意不合，反而變成文章不通順，因小失大。另外，許多同學在撰寫文章時，文辭常不夠簡潔，未能掌握書面語的要求而過於口語，總不斷重複使用單一詞語，讓文章顯得拖沓，又或者不能掌握連接詞，造成文章的語氣與語意不通達，都是應該避免的失誤。

六、標點錯誤與錯別字多

　　許多同學都有錯別字的問題，如「在／再」、「的／得／地」等。錯別字會讓文章閱讀不易，且給人語文能力不佳的感覺，因此，不會寫的字詞應替換為其他有把握的字詞，同時也應養成檢查的習慣。另外，標點錯誤與未能合宜標示，也是同學普遍常見的錯誤，特別是逗號的使用。許多人文章中的句子過長，卻不用逗號分開，主要囿於無法區分句子的結構，反而讓人無法順利閱讀，因此造成文章的不通順，這都是寫作時需極力避免的情形。

第二節　圖表試題應對

　　圖表素養作為讀寫素養的一部分，早被羅列作為理解學習的重點。「圖表」和「文字」作為訊息表達的媒介，圖表重於視覺上的影響且形式多元，比起文字表述，圖表更能起到使人閱讀後一目瞭然的作用，和文字在傳遞訊息上，各有所長。而要進行圖表閱讀，除了須具備科學、邏輯思維外，還要有歸納、推理、統整等能力，更要能表達出圖表背後所隱藏的訊息。也因此，圖表識讀與詮釋，可說是讀寫能力的重要展現。

　　因此，近年來許多重要讀寫測驗皆以圖表進行命題，除國寫外，CWT全民中檢即數次以圖表命題寫作測驗，評量學生的寫作表現，以下分別以兩篇短文書寫的題目（高等試題）、一篇長文書寫的題目（優等試題），說明應試學生的寫作表現。

　　題目一提供兩份網路隨機取樣問卷調查結果，一份為長條圖，一份為計次表格，呈現臺北地區的大學生收看電視劇的原因與管道，並以三道問題讓學生寫作，一題要求學生閱讀表格，找出大學生最常使用的平台，一題讓學生依據長條圖，說明大學生喜愛收看電視劇的原因，一題讓學生依自己的生活經驗與調查結果相互印證。前兩題無須提出自己的看法，只要懂得從圖表中找出答案，依據字數要求有邏輯地表達，即可獲得分數。第三題則要連結自身經驗，運用比較、批判的能力進行書寫，考驗在短文寫作中，能否言簡意賅地切合問題回應。

　　題目二以一幅關於食安的圖片作為素材，讓學生在看圖後，回答三則題目，一題讓學生推論圖片所要傳達的意涵，一題讓學生定標題並說明原因，一題則是命題寫作，讓學生依據圖片，以〈食安問題不

可不慎〉為題，撰寫一篇短文。前兩題是圖片訊息的閱讀，第一題要掌握訊息的完整性，並有條理地陳述，第二題則要在有所本的情況下，加入創意，以求讓人印象深刻。而第三題的命題作文，除要能依題作文，掌握內容結構、文字表達等方面外，還要扣合住圖片中所述，因為圖片即是最直接的材料與範例，能佐助文章的說明。

　　題目三以一表格呈現兩岸購物平台的購物模式，該表格提供「客服」、「廣告類型」、「商品頁面」、「物流」四面向的資訊，讓學生自訂題目，書寫兩岸網路購物的營運方式，並比較其差異。「自訂題目」的命題形式曾在學測作文中出現，除測試寫作能力，亦考驗應試者能否掌握材料，選擇合適的角度切入，從而立意為文，因此，這樣的題目便有著雙重的考驗，而且訂定出來的主題能否自圖表中找出足夠的論據，並清楚論證，考驗學生的語文能力。

　　而分析學生們寫作的情況，問題主要是「分數難以得到高分」、「未能提出深刻想法」兩項。

一、分數難以得到高分

　　基本上學生都可以理解圖表，並依圖表資訊回應問題，卻難以取得好的成績，一來文字表述不夠精鍊，難以在簡短字數中俐落表達想法，二來未能緊密扣合圖表，導致圖表與文字分離。

二、未能提出深刻想法

　　普遍來說，學生針對相同議題提出的想法大同小異，未有具見地的意見，且很多學生會有表達立場後，擔心論述過於偏頗，畫蛇添

足，企圖再予以解說，反而導致論述反覆，未能統一，或行文缺乏氣勢。

　　因此，面對圖表寫作，要掌握圖表素材的特色，理解圖表提供的訊息，反思背後隱藏的意涵，然後依據題目要求，營造出不同文體行文的氣勢。同時，多作練習，參閱他人作品，改善文字不精鍊的問題，並廣泛閱讀不同資訊，才能擴展文章的內涵。

第三節　自我寫作檢核

　　在平常練習寫作文章時，要能自我檢核是否有完成讀寫的基本要求，可分別以表2知性題評定量表檢核自己在知性題文章的呈現，運用表3情意題評定量表審視自己在於情意題文章的掌握。在不斷的練習、檢視中，更重要的是要能針對自我不足之處進行改進，這樣文章習寫方有其意義，且自然能提升自己的寫作能力與表現。

表2　知性題評定量表

檢核項目	自我評定				
	1	2	3	4	5
基本能力					
字跡工整	☐	☐	☐	☐	☐
用字正確	☐	☐	☐	☐	☐
無缺漏字	☐	☐	☐	☐	☐
標點得當	☐	☐	☐	☐	☐
文章架構					
段落分明	☐	☐	☐	☐	☐

檢核項目	自我評定				
	1	2	3	4	5
前後呼應	☐	☐	☐	☐	☐
佈局適切	☐	☐	☐	☐	☐
文字表達					
論敘明確	☐	☐	☐	☐	☐
語法正確	☐	☐	☐	☐	☐
文句暢達	☐	☐	☐	☐	☐
詞彙豐富	☐	☐	☐	☐	☐
論證嚴謹	☐	☐	☐	☐	☐
主題內容					
文題相符	☐	☐	☐	☐	☐
論點清晰	☐	☐	☐	☐	☐
思想深刻	☐	☐	☐	☐	☐
理解合宜	☐	☐	☐	☐	☐
材料適切	☐	☐	☐	☐	☐
舉例適當	☐	☐	☐	☐	☐
觀點一致	☐	☐	☐	☐	☐
不落俗套	☐	☐	☐	☐	☐
空白卷、文不對題、僅抄錄題幹	☐				
	等第				

　　從表2和表3相比，可以看出評閱的角度有其不同之處。以知性題的評定量表來看，著重其論點、論據、論據的呈現，文章要能前後連貫清楚深入地呈現出寫作者的看法。而情意題評定量表則羅列出「情意真摯」、「善用修辭」、「刻劃深入」等項目，可見情意題文章要

能抒發、表達出情感，展現出文章的張力，才能獲得好成績。

表3　情意題評定量表

檢核項目	自我評定				
	1	2	3	4	5
基本能力					
字跡工整	☐	☐	☐	☐	☐
用字正確	☐	☐	☐	☐	☐
無缺漏字	☐	☐	☐	☐	☐
標點得當	☐	☐	☐	☐	☐
文章架構					
段落分明	☐	☐	☐	☐	☐
前後呼應	☐	☐	☐	☐	☐
佈局適切	☐	☐	☐	☐	☐
文字表達					
敘述明確	☐	☐	☐	☐	☐
語法正確	☐	☐	☐	☐	☐
詞彙豐富	☐	☐	☐	☐	☐
善用修辭	☐	☐	☐	☐	☐
刻劃深入	☐	☐	☐	☐	☐
情意真摯	☐	☐	☐	☐	☐
主題內容					
文題相符	☐	☐	☐	☐	☐
主題明確	☐	☐	☐	☐	☐
理解合宜	☐	☐	☐	☐	☐
材料適切	☐	☐	☐	☐	☐

檢核項目	自我評定				
	1	2	3	4	5
舉例適當	☐	☐	☐	☐	☐
善用生活素材	☐	☐	☐	☐	☐
不落俗套	☐	☐	☐	☐	☐
空白卷、文不對題、僅抄錄題幹			☐		
		等第			

　　以下以同學參加CWT全民中檢的作品為例，一篇題目讓應試者閱讀數則企業人士的論述，要求其整合其看法，並提出個人看法的陳述，屬於知性題。一篇則請應試者閱讀一篇長文，抒發自己的想法，該題著重個人經驗的分享與詮釋，為情意題。CWT全民中檢與國寫雖為不同的大型測驗，但增進文章表現的方法殊無二致，以下分析作品表現，並予以提出建議，可提供有意提升自己寫作表現的寫作者作為參考。

　　CWT全民中檢評分表現方式為0-6級分，因此5級分卷等同國寫的A級分卷，同理4級分卷為B+級，3級分卷為B級。因B級→B+級→A級的進程較為不易，也是許多同學的困擾，因此以下自此進行論述。另外，國寫有同題文章寫在同面的要求，因此不可換面書寫，但CWT全民中檢並未有此限制，因此文章寫超過該面不在探討範圍，但面對國寫的應試者仍應注意。

一、知性題探討

　　圖1、圖2為A級分卷，該卷在字跡、用字、標點、缺漏字等寫作基本能力方面表現優異，在文章架構方面亦表現得宜。在文字表達方面，雖有不錯表現，但在詞彙方面較為單一，未能呈現其豐富性。主題內容方面，能理解文本材料內涵，並巧妙運用於文章中，藉以呈現自我主張，是其得以獲得青睞的原因，但主張並未見其獨特與深刻，乃是其不足之處，可更深入進行論述，相信能闡述得更為精采。

　　而圖3、4為B+級分卷，文章在基本能力表現上顯然有著錯別字和缺漏字的問題，同時，文章中常見到許多地方使用插入符號以補其缺漏，這都容易造成分數的扣失。而在文章的架構方面，採用列點分述是常見且能形塑文章結構之法，但本文中並未妥善運用，以致反而有些散亂。另外，整體的主題內容方面，因沒有令人印象深刻的論述與主張，同時在表達手法上也較為鬆散，讓文章顯得有些平淡，可再精練語句，增進文章豐富性，應會有更好的表現。

　　圖5為B級分卷，相較於圖3和圖4，較明顯的狀況是因文章在論述上沒有特別深刻和嚴謹，在內容上又顯得不足，因不長的內容本身能表達的看法有限，再加上文字表達、文章架構較散亂，文本材料未能妥善詮釋，就不容易取得好的分數。可在寫作前先思考文章主要想表達的意涵為何，並在日常多鍛鍊表現手法，才能凸顯出自我的寫作能力。

世界上有很多成功的創業，他們都是從無到有的成就，要能夠比的成功，一定不是又要按部就班的，過著一日復一日的生活。這樣的努力是無法成功創業的。所以創業的條件是你要有創新的能力，使自己的事業能與眾不同。

創新是創業的重點，但就如同劉維公教授說，創業不等於創新，因為就算沒有創新，又要自當老闆的事業都能算是創業，可是出來創業的觀念如他人一樣沒有不同，很快的在競爭上就會遇過問題，而且要是遇到了其它外界的障礙，沒有創新能力，也無法去應對突發的狀況。創新或許不是創業的必需，但卻是一個很好的催化劑。

然而除了創新之外，創業家都需要一個很大的勇氣，衝利的心，因為就算今天有了很好的點子，但又只是空想變成，那麼縱究又是個不為人知的創新。創業的難處是怎的這條難走的道路，擁有衝利的心才能使這路繼續想上爭播出許多創業的中國人，他在中要西臨收倒開的危險了，即使它有許多阻礙，不需怕！就上重他仍然不欲氣希望，因為要是當下放氣了，那怎麼會有成功的一天。

創業的風險讓人不耿輕易嘗試，但當你夢上衝

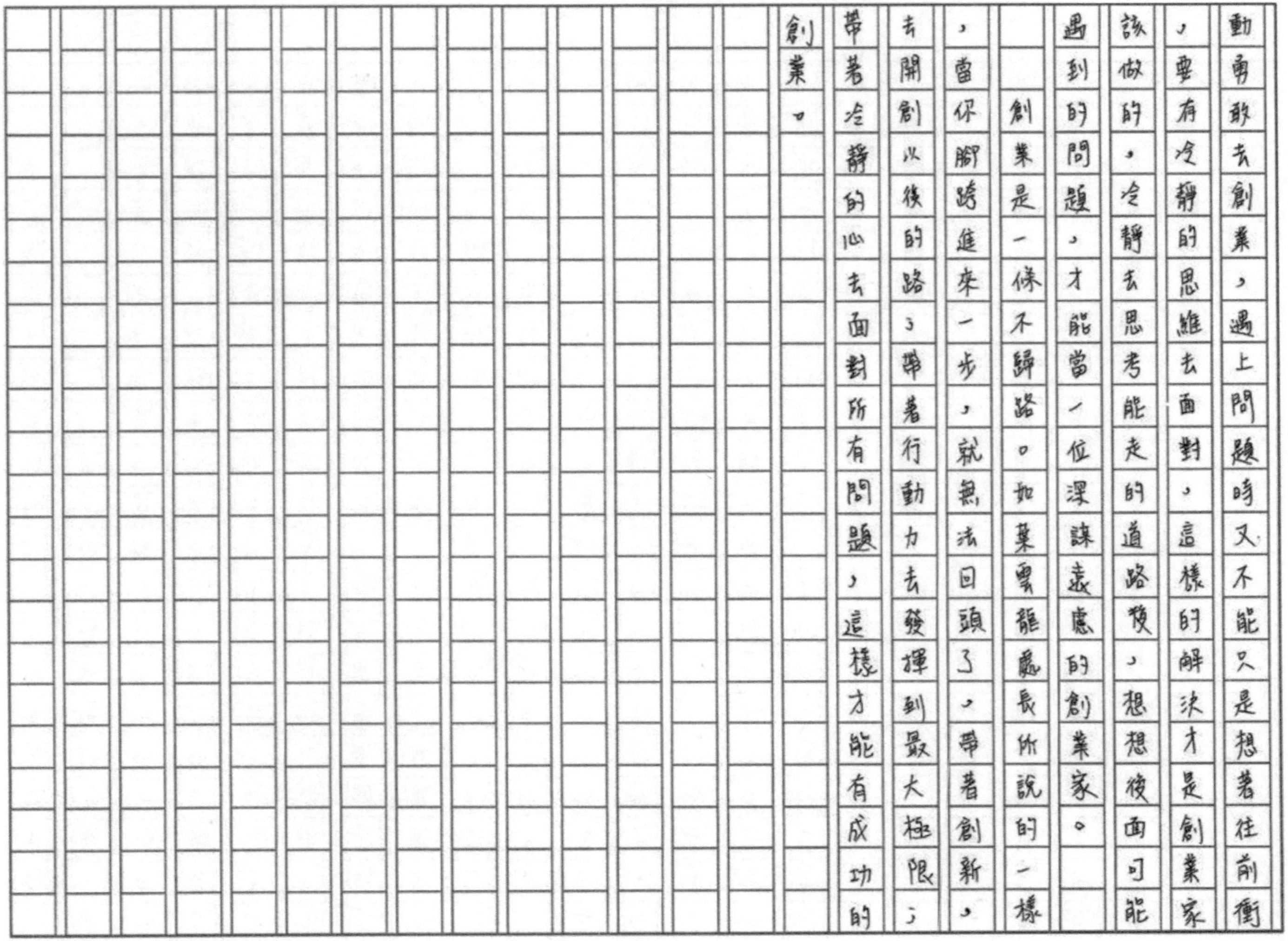

往前衝，是想辦法才是創業家可能遇到的問題時，又不能冷靜思維去面對，這樣的解決才是創業家可能遇到的問題，才能冷靜去思考能夫的道路後，想想後面可能選擇謀略感的創業家。

創業是一條不歸路。被業界能聽取所說的一樣，當你腳踏進來一步，就無法回頭了，那需創新，去開創火樣的路，那需行動力去發揮到最大極限；那需冷靜的心去面對所有問題，這樣才能有成功的創業。

圖2 知性題5級分卷2

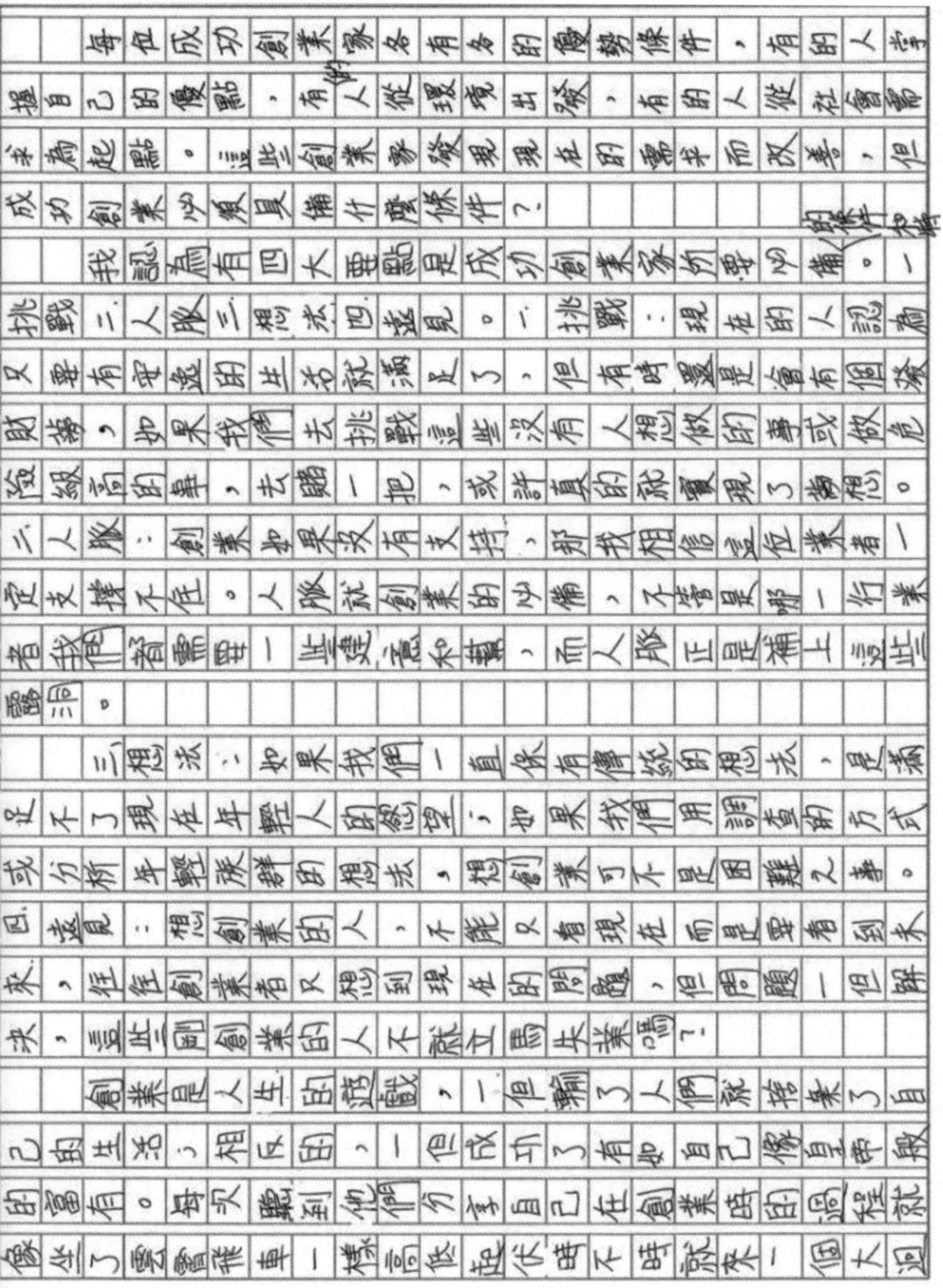
每位成功創業家各有各的優勢條件，有的人掌握自己的優點，有的人從環境出發，有的人從社會需求為起點。這些創業家發現現在的需求而改善，但成功創業必須具備什麼條件？
我認為有四大要點是成功創業家所要必備的條件。一.挑戰二.人脈三.想法四.遠見。一.挑戰：現在的人認為只要有安逸的生活就滿足了，但有時還是會有個發財夢，如果我們去挑戰這些沒有人想做的事或做危險級高的事，去賭一把，或許真的就實現了夢想。二.人脈：創業如果沒有支持，那我相信這位業者一定支撐不住。人脈就創業的必備，不管是哪一行業者我們都需要一些建意和幫，而人脈正是補上這些露洞。
三.想法：如果我們一直保有傳統的想法，是滿足不了現在年輕人的慾望；如果我們用調查的方式或分析年輕族群的想法，想創業可不是困難之事。四.遠見：想創業的人，不能只看現在而是要看到未來，往往創業者只想到現在的問題，但問題一但解決，這些剛創業的人不就立馬失業嗎？
創業是人生的遊戲，一但輸了人們就捨棄了自己的生活；相反的，一但成功了有如自己像皇帝般的富有。每次聽到他們分享自己在創業時的過程就像坐了雲霄飛車一樣高低起伏時不時就來一個大迴

圖3 知性題4級分卷1

轉、創業走不是每個人所能挑戰的道路，唯有看清一切、了解自己的優勢，懂得方法的人，才有勇氣去面對。

圖4　知性題4級分卷2

二、情意題探討

　　圖6、圖7為A級分卷，該文扣住旅遊經歷所見之美進行抒發，以豐富的詞彙與傑出的修辭技巧，在文字表達上有著不俗的表現，同時，本文段落清楚，能彼此連貫，在文章架構上也表現合宜。但相對來說，文章單以一次旅遊的美景經歷來詮釋美的遭遇，稍嫌不足，未能體現出美的豐富與深切的意涵、價值，因此在主題內容的取材上有其偏限性，可嘗試以不同的面向來談美，一定更能彰顯出美的無所不在。

　　而圖8為B+級分卷，主題內容雖能以人文與自然展現出美的多元性，但相對來說，既有多元的面向，更需以不同的經歷體現出美的價值。然文章在內容上卻沒能把握住，是較為可惜之處，同時在表現手法上亦可多加詮釋，才能與他人的作品有其區別，凸顯出自己寫作的表現。另外，缺漏處過多，須不斷以插入符號增添內容，亦是其可改善之處。

　　圖9為B級分卷，首先，我們必須先談到其不易閱讀的問題，因該篇文章文字偏小，在閱讀時會讓人較為吃力，這是需要改善的。同時，該篇文章亦有文題內容不突出，以及文字表達未見其精采與精練的情形，因此在平日練習時，文句通達後，我們要進一步要求自己增進文字表達的呈現，凸顯出自己的寫作能力，如此一來，才易在文章中有好的表現。寫作其實並不困難，只要經過不斷練習，與他人討論、改進，相信寫作能力一定能有所提升。

世界上不乏美，但卻少了發現美的人。「天下不一定要是特懂的飾品，也可以是一情感、根莖、一塊石頭，只要用心體會它，你就能發現處處都是美。

依稀記得暑假期間，我和家人到了南部旅遊，傍晚時，爸爸提議晚飯後大家到海邊散散步，什麼日落啊、海浪啊……出發前，大家都和我一樣，眼光中透露著期待的心情，不知道在那遙遠的海平面上搖擺著的波光粼粼，那輕柔的天色，一望無際的大海，閃爍著金色的光芒之中，那個世界都搖擺著美，無邊際的天空、搖曳生姿的波光之上的美景，映入我的眼簾……一切靜謐的眼前，又不是真實，似乎搖擺著上空的美景，那是石頭中的人們及一幢幢行立的飯店在遠處中的美景，都少了起來。

那一刻，我真的感受到從心底油然而生的驚喜之心，我彷彿施了魔法般，自己的身也不能動，也不能動，一句話也說不出。我彷彿從眼底望著那是滿滿的崇拜，我的世界中不再只聽到海浪聲，眼前所看到的是什麼日落的仙境中，世界上的美景之中，和諧……

那一刻，那一刻，眼前所遊出來的仙境那樣的美景之中，嗅覺也變得更優美，我都怕我一動我都怕我一動就沉浸在那和諧的氛圍之中。

是在那年暑假，我遇見了人生中最啟發我的一

場美的邂逅，至今想起那情景，仍在我心頭漾起一陣

漣漪，久久不能平靜。也體會到，只要處處細心

，閃亮的相遇，隨時隨處也都可能遇上。

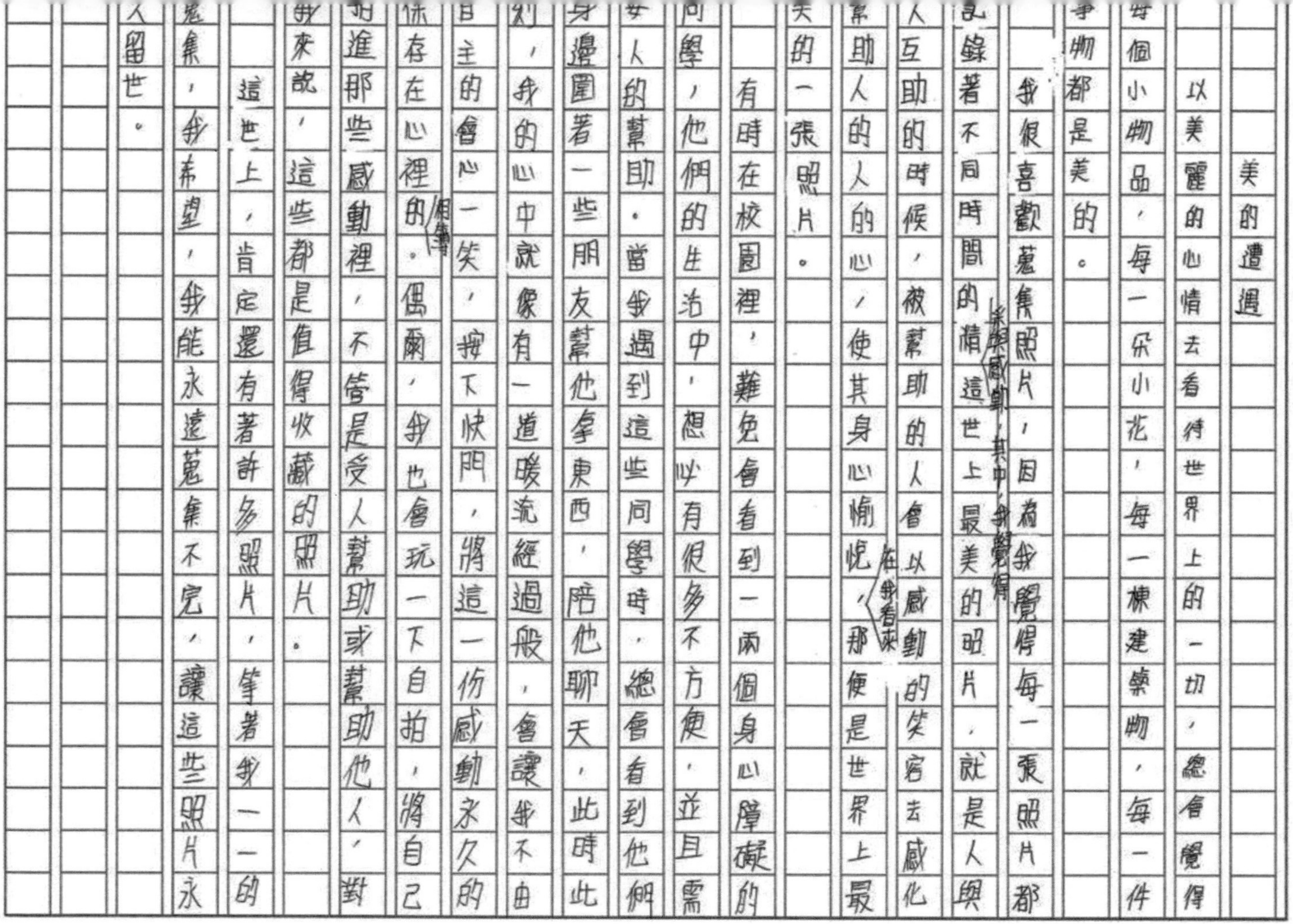
美的遭遇

以美麗的心情去看待世界上的一切，總會覺得每個小物品，每一朵小花，每一棟建築物，每一件事物都是美的。

我很喜歡蒐集照片，因為我覺得每一張照片都記錄著不同時間的精彩、感動，其中，我覺得這世上最美的照片，就是人與人互助的時候，被幫助的人會以感動的笑容去感化幫助人的人的心，使其身心愉悅，在我看來那便是世界上最美的一張照片。

有時在校園裡，難免會看到一兩個身心障礙的同學，他們的生活中，想必有很多不方便，並且需要人的幫助。當我遇到這些同學時，總會看到他們身邊圍著一些朋友幫他拿東西，陪他聊天，此時此刻，我的心中就像有一道暖流經過般，會讓我不由自主的會心一笑，按下快門，將這一份感動永久的保存在心裡的相簿。偶爾，我也會玩一下自拍，將自己拍進那些感動裡，不管是受人幫助或幫助他人，對我來說，這些都是值得收藏的照片。

這世上，肯定還有著許多照片，等著我一一的蒐集，我希望，我能永遠蒐集不完，讓這些照片永久留世。

圖8　情意題四級分卷

附 錄

107國寫試題解析

　　107年大學學科能力測驗第一次辦理國語文寫作能力測驗（簡稱「國寫」），已於今年一月舉行。考題與考法大部分都在意料之內，但也有些出乎意料之外。本屆國寫試題以「知性」與「情意」兩方面進行測試，回應了大家對寫作字數過多與時間不足等的擔憂。意料之外的是題型繁多：此次寫作文體遍及說明文、議論文與抒情文，而且兩篇說明文更因題材的不同，在表述手法上亦有差異。

　　以前學測的非選擇題中，會有二至三題的短文寫作，以及一篇引導式命題寫作，而本次國寫中第一題至第三題包含有字數上的限制，可視為短文寫作，而第四題則是引導式命題寫作的呈現。因此，就形式與寫作字數來說，對考生而言應不太困難。同時，之前考生擔心的長文閱讀可能因時間花費太多，而造成寫作時間壓縮，但本次以短篇新詩為素材，在閱讀上應未造成考生的困擾。也就是說，大家都能夠寫，也寫得完，可是能不能寫得好？那可就是未定之天了。影響所及的是要進名校：臺、成、清、交等，或是熱門科系：醫學、電機、資工、財務金融、法律等的學生。更重要的是，一年只有一次機會。

　　本屆試題雖然與先前釋出的研究用試卷的方向有所出入，亦未能完全符合其改革的目的，但仍明白宣示「知性統整判斷」與「情意感受抒發」是大學生必備的能力。可見，除了書面文字的閱讀，圖表判

讀、文章賞析已是現代人不可或缺的基本技能。

　　本次試題共分兩大題，第一大題爲知性題，第二大題爲情意題，每一大題又下分兩小題。然而，兩大題題目中，雖都各分爲兩小題，但其小題間並無必然的聯繫，只是有題材上的相關，因此，將四小題分別視爲不同的題目，亦無不可。第一題考圖表判讀。此次是判讀長條圖（或柱狀圖／柱形圖），其他可以考察的圖表尙有：曲線圖（含折線圖、線形圖，又可分爲單一曲線圖，雙曲線圖等）、圓餅圖、表格、流程圖、地圖等。第二題是議論文寫作，要能主張自己的論點，提出論據（證據），進行論證。第三題考新詩賞析。將來可以要求賞析各類文學文體，包括古典散文、古典詩詞、傳統戲曲以及現代小說、現代散文與白話劇本等。第四題則爲行之有年的引導式作文。

　　國寫要取得高分，必須掌握各種表述方式的寫作特色與重點。圖表判讀首先要知道不同圖表的重點所在，並且能用相關的術語稱呼，例如，線形圖的起始點、結束點、交叉點、變化趨勢等；其次要能把握寫作事理說明文的技巧，將圖表內容轉化成文字。議論文寫作論點要明白、明確，不可模棱兩可，要讓閱卷委員能一目了然。論據必須與論點具有相關性，論證結構究竟是舉例論證、推理論證、還是理論論證呢？文章賞析必須了解各種文類體裁的特點，例如詩歌要注意的有：意象與意義、紋理、情調、語法、標點、押韻、節奏、格律等，還要會寫賞析（分析）的說明文。至於引導式作文，前人論說已詳，在此不再贅述。

　　本次知性題的範疇中，第一小題爲圖表判讀題型，考驗學生事理說明文的寫作能力，其以長條圖作爲閱讀素材，因此，要回答本題首要條件便是能了解圖1記憶測試結果所呈現的訊息，進而要在精簡的字數中，扼要回答。第二小題爲議論文的寫作，學生必須在網路資訊

對人們記憶力、思考力、創造力利弊的不同觀點中，提出自己的主張，並說服他人，因此寫作的關鍵在於掌握有限的字數，明確地提出論點，並有條理地論述自我主張。

而在情意題的範疇中，第一小題亦為說明文的寫作，學生必須閱讀楊牧〈夭〉一詩，了解其意涵，以詮釋詩題的由來，同時為提供學生思考的方向，題幹提出「請從詩句中的感官知覺與情感轉變加以說明」的要求，因此，本題為限制式題型，有其必須遵從的回應規範，另外，亦須留意字數的侷限，要能一語中的。第二小題則為引導式命題的抒情文寫作，題幹中雖仍提及楊牧的〈夭〉一詩，但其僅作為引導語，其寫作題目仍為「季節的感思」，不過要留意題目中希冀寫作者提出對季節的感知經驗，並抒發心中的感受與領會，方能掌握住題意。

以下分別論述各題寫作的要領，各舉兩篇範文為例，作為說明，並表列大考中心公告此次的評分標準，作為學生練習答題時的參酌。

知性題試題

　　自從有了電腦、智慧型手機及網路搜尋引擎之後，資訊科技的發展改變了人類大腦處理資訊的方式。我們可能儲存了大量的資訊，卻來不及閱讀，也不再費力記憶周遭事物和相關知識，因為只要輕鬆點一下滑鼠、滑一下手機，資訊就傳到我們面前。2011年美國三位大學教授作了一系列實驗，研究結果發表於《科學》雜誌。其中一個實驗的參與者共有32位，實驗過程中要求每位參與者閱讀30則陳述，再自行將這30則陳述輸入電腦，隨機儲存在電腦裡6個已命名的資料夾，實驗中沒有提醒參與者要記憶

檔案儲存位置（資料夾名稱）。接著要求參與者在10分鐘內寫出
所記得的30則陳述內容，然後再進一步詢問參與者各則陳述儲存
的位置（資料夾名稱）。實驗結果如圖1：

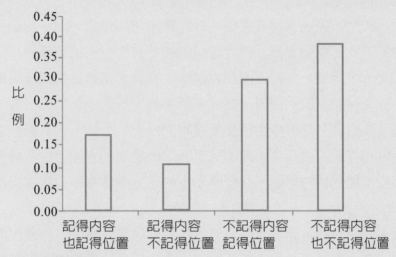

圖1　記憶測試結果

請分項回答以下問題。

問題㈠：有甲生根據上述的實驗結果主張：「人們比較會記得資
　　　　訊的儲存位置，而比較不會記得資訊的內容。」請根據
　　　　上圖，說明甲生為何如此主張。文長限80字以內（至多
　　　　4行）。（占4分）

問題㈡：二十一世紀資訊量以驚人的速度暴增，有人認為網路資
　　　　訊易於取得，會使記憶力與思考力衰退，不利於認知學
　　　　習；也有人視網際網路為人類的外接大腦記憶體，意味
　　　　著我們無須記憶大量知識，而可以專注在更重要、更有
　　　　創造力的事物上。對於以上兩種不同的觀點，請提出你

不用出門補習，寫好國寫作文不難

個人的看法，文長限400字以內（至多19行）。（占21分）

解題指引

問題(一)

　　根據文章描述內容對照圖表，需依圖中「記得內容」、「記得位置」的比例來進行論述，可略估長條圖中數值予以回應，需掌握邏輯清楚、說理明確的論述原則。

問題(二)

　　本題要求對於題幹中提到的「網路資訊易於取得，會使記憶力與思考力衰退，不利於認知學習」，以及「網際網路為人類的外接大腦記憶體，意味著我們無須記憶大量知識，而可以專注在更重要、更有創造力的事物上」兩項對立的看法，提出自己的主張，因文章有字數上的侷限，文章應明確回應問題，同時應就論點，提出相關論據以進行論證，才能增添文章的說服力，免於空談。

範文

範例一

(一)

　　綜觀記憶測試結果圖表，受試者記得資訊「儲存位置」的比例約為0.47，而記得資訊「內容」的比例則只有約為0.28。可由比例多寡推知甲生有如是主張。

(二)

　　大數據時代中，網路資訊便於取得，有人悲觀擔憂認知學習

之衰退；亦有人樂見以網際網路爲人類大腦之外接記憶體。

在聯合國教科文組織重新定義的新世紀文盲標準中，不能使用電腦（網路）進行學習、交流和管理的人亦屬文盲。可見人們無法自外於網路時代的浪潮。

電腦有強大的計算速度與記憶體，網路能讓人迅速獲取所需資訊；人類的優勢則在創造力、抽象思考、決策等高階技能。在知己知彼的前提下，我認爲無須在理盲的恐懼中過慮，讓電腦、網路負責數據整理和資料搜尋，並不會弱化人們的記憶力；相反的，人們必須從不斷更新的網路資訊中抽絲剝繭、提取有效訊息、判斷知識眞僞、揭開「葉佩雯」的面紗，反而能促進獨立思考的能力。期待網路的方便與人類的獨特，能分工合作、增加效益。

未來學大師Alvin Toffler預言：「21世紀的文盲，將不是不會寫字和閱讀的人，而是那些無法學習、不願學習和不重新學習的人。」在人工智慧浪潮襲捲而來的現今，更重要的是：我們是否更有智慧地生活。

範例二

(一)

甲生主張理由如下：一、按圖表結果，兩項「不記得」內容的比例均爲「記得」的近兩倍；二、依文字敘述可知，人們多先只儲存資料而未詳讀，故只記得儲存位置卻對內容感到模糊。

(二)

每一項科技的發明，都標誌了文明的進程，但隨之而來的影

響與結果卻值得深究。

　　舉例來說，透過網路搜尋的快速連結，便能取得各種多樣的資訊，但代價就是犧牲了我們的專注力與思考能力。相反的，卻有專家主張，當大腦不再需要耗費龐大記憶空間去儲存細節後，反而更有助於人類專注地進行更高層次的思考活動。

　　我認為，兩種研究結果「之所以」截然不同，關鍵就在未能釐清「點狀資訊／知識體系」的差別。資訊的取得就像螞蟻搬運東西，花點氣力即可；但知識的建構，卻像蜜蜂採花蜜，需要自身消化酶的轉化才得以釀成蜂蜜。意即，經由網路連結取得的資訊，通常只是片段的、擷取式的認知，讓自己誤以為懂得很多，實際上卻不然。至於知識，則須經過時間內化與體系的建構，且能具備深度的理解與思考。

　　因此，如何能享有網路科技的便捷又不致受其弊害？我想，保持「物物而不役於物」──使用物件而不被其制約的態度，再靜下心來進行主題閱讀與綜合思考，方為正解。

範文賞析

　　上述範文中，問題一的兩篇分別採不同陳述方式，可以估算的數據，或以論理方式呈現。而針對問題二，範例一強調人無法脫離網路浪潮，應要掌握其方便性，增進生活效益，讓我們生活得更有智慧。範例二則區辨題幹提及的網路利弊，提出要能有「物物而不役於物」的態度，方能優游其中。兩篇文章論理明確，在簡短的篇幅中，針對所提出的論點，層層論證，文辭暢達精煉。可與表1所羅列的評分標準進行檢核。

表1　大考中心107國寫知性題評分標準

級分	分數	評分標準
A+級	22-25分	正確判讀實驗結果圖示，分析理由正確適當，且能針對網路資訊，提出自己的看法，論述精當，層次井然，文辭精練
A級	18-21分	論述清晰，條理分明，文辭暢達
B+級	14-17分	分析理由大致正確，針對網路資訊的利弊，論述合宜，文辭通順
B級	10-13分	論述大致合理，文辭尚稱平順
C+級	6-9分	分析理由紊亂不清，針對網路資訊利弊，論述空泛，文辭欠通順
C級	1-5分	論述雜亂，文句不通

情意題試題

你在傾聽小魚游濺的聲音
張望春來日光閃爍在河面
微風吹過兩岸垂垂的新柳
野草莓翻越古岩上的舊苔
快樂的蜥蜴從蟄居的洞穴出來
看美麗新世界野煙靄靄——
在無知裡成型。你在傾聽
聽見自己微微哭泣的聲音
一片樹葉提早轉黃的聲音（楊牧〈天〉）

請閱讀上列詩作，分項回答以下問題。

問題㈠：詩中有聲音的傾聽，有視覺的張望，也有快樂與哭
泣。作者描寫春天的美麗新世界，但詩題爲何命名爲
〈夭〉？請從詩句中的感官知覺與情感轉變加以說明。
文長限120字以內（至多6行）。（占7分）

問題㈡：普魯斯特（Proust, M.）在《追憶逝水年華》中說：
「一小時不僅僅是一個小時，它是一只充滿香氣、聲
響、念頭和氛圍的花缽」，說明時間的認知與感官知覺
及感受有關。楊牧的〈夭〉透過感官描寫，傳達季節的
感知，請以「季節的感思」爲題，寫一篇文章，描寫你
對季節的感知經驗，並抒發心中的感受與領會。（占18
分）

解題指引

問題㈠

　　本題要求從感觀知覺和情感轉變兩方面加以說明詩題〈夭〉的由
來，所以可以從「夭」的兩個意思去呼應。「夭」是少壯、少美的意
思，詩經即有「桃之夭夭，灼灼其華」。本詩描寫春天，展現草木萌
生、萬物活脫跳躍的景色，無論是視覺的意象或是聽覺聲音，都在展
現這種少壯美的氣息。

　　「夭」的另一個意思是早逝，逝本來就是一種正常的輪迴，有生
發就有凋零。但是早逝，在生命剛要開始時，在萬物齊發時，在繽紛
燦爛的眾多生命裡，「夭」便更令人傷感。因此，可由此進行論述。

問題㈡

　　題目「季節的感思」裡的感思，其「感」字，除了五感之外，還
包含內心的感受、感情。因而，書寫本題時，除了描寫感官知覺的現

象之外，還需要進一步地描寫對這些知覺引發的內心情感，例如，冬天的雪地，白皚皚的一片，卻看到蒼松勁挺，對這一個嚴冬冰雪下的綠，就可以抒發感思，如此才能找到不同他人的發揮點。若只是純粹季節描寫，如秋天的金黃是豐收等，就容易流於泛泛之論。季節現象的書寫，最好是自己熟悉的場景，這才容易貼切有感覺，那麼感思也比較容易引起共鳴。在書寫時適時引用相關的詩詞，也能增加文章的修辭美感。

範文

範例一

(一)

聽小魚游濺，活脫躍動，看日光閃耀、新柳垂垂、炊煙靄靄，展現春天風華的生命喜悅，這是少壯之美的天。一轉，由外境而內心，聽見了自己的哭泣，看見了發黃將落的葉，這是少而早逝的天。越是青春美麗、灼灼其華的天天，越顯轉黃了的葉，在春天裡早天的唏噓。

(二)

季節的感思

春天來了，今年的春天悄然無息地就過了。往年，欖仁樹總會到春天時，用一個星期轉黃、變紅，用一個夜晚，全部掉光，再用一天的時間萌出綠葉。今年，當我還在期待開學時會有滿地的紅葉，我要在成堆的葉子上踩得沙沙作響。然而，一切都不是如此，到學校的第一眼，枝枒間，竟已是茂叢叢的綠了。

怎麼會這樣呢？因為冬天如此的短，以至壓縮了春天，甚至

沒有春天？人人都說今年是暖冬，不會冷的冬天，那還配叫冬天嗎？沒有冬天的冷，那麼春天還是春天嗎？沒有春天的一年，多麼揪心啊！

　　每年就這個時候，期待欖仁樹快速的演繹著四季的變化，然後保持一年的蓊鬱翠綠，讓松鼠盡情地在樹枝奔跑，讓鳥兒忘情地鳴啼。現在欖仁樹一樣濃密的綠，鳥鳴不減，但那春天的懵懵綠芽，我畢竟錯過了。

　　對於春天，總是懷著浪漫的期待，台灣一年四季如夏，樹就是這麼肆無忌憚的長年綠著，看著詩詞裡的春天多麼嬌憨美麗啊，什麼春江水暖鴨先知，什麼吹面不寒楊柳風，什麼杏花微雨，句句，那麼牽人神魂，還有那春江花月夜，想著潮水，月亮，花香撲鼻的夜……只能在詩辭中尋找春天的氣息，哪怕那麼一丁點，也在夢裡微笑。但是今年，我在固定的時節裡尋找那熟悉的飛紅落盡，嫩芽蹦生的春天，那唯一可以讓我一解對春天的渴盼的，竟然無聲無息地就這麼一個循環過了。

　　面對這種季節的錯亂，不知該恨天還是該怪人。春天，美麗的春天，欖仁樹上的春天，明年再會。

範例二

(一)

　　詩作乍看之下雖生機盎然，但反覆咀嚼後，卻會感到細微的憂傷，因為詩人從傾聽小魚游澀的聲音，到最後變成傾聽自己哭泣的聲音，而原本充滿春意的場景也化作轉黃的枯葉，彷彿在對照自己的年少已逝，故詩人以「天」為名。

（二）

季節的感思

「天何言哉？四時行焉，百物生焉，天何言哉？」這是孔子曾說過的一句話，也讓我不禁讚嘆四季的神奇，他們的嬗遞和更迭，都在我們不知不覺中進行著，卻又跟我們的生活有著密不可分的關係。

綠意盎然的春天，總是讓人覺得充滿希望，就像當我看著小朋友們奔跑在春天裡時，會有種整個世界都受到春天祝福的感覺，一切都充滿了活力；而夏天則會使我想起那個鳳凰花開的午後，青春的氣息噴灑著我的臉龐，手上的畢業證書象徵著另一段旅途的開始。

蕭瑟的秋天老是惹人傷感，看著泛黃的枯葉，我往往會想起母親離去時的笑容，啊！那天不也正是楓葉飄落的日子嗎？秋的使者似乎永遠傳達著消息，告訴人們一年將要來到尾聲，某些事物也已進入尾聲……銀白色的雪花從天空散落，一如那年的冬天，我和朋友們一起在雪地中打雪仗，寒風刺骨，但卻不若秋天令我感到悲傷，我想是回憶使然吧！

四季的運行是那麼的奧妙，是生活不可或缺的存在，就像人們有喜怒哀樂一樣，自然也需轉換心情，為我們帶來嶄新的世界，也為回憶增添一抹色彩。

範文賞析

針對問題一，範例一分別自「夭」中蘊含的少壯之美，及其少而早逝的意涵，詮釋詩題，範例二則以自我心中所思，聯想詩人感悟之情，予以表述。而在問題二，範例一則以春之感懷入題，由視、聽、

嗅、觸四覺觸發心覺，情意感人，範例二則從四季的感知切題，由
《論語》中孔子之語敘述對季節的感思，描寫四季於己之印象與情
意，為回憶增添色彩。兩篇文章皆文辭優美，情感真摯，文章寫來流
暢動人。可與表2所羅列的評分標準進行檢核。

表2　大考中心107國寫情意題評分標準

級分	分數	評分標準
A+級	22-25分	說明命名緣由精當，且針對季節感知經驗、感受與領會，敘寫細膩，結構嚴謹，文辭優美
A級	18-21分	說明緣由正確，季節感思敘寫生動，結構穩妥，文辭順暢
B+級	14-17分	說明緣由尚稱正確，對季節感思之敘寫平實，結構適當，文辭平順
B級	10-13分	說明緣由不甚正確，對季節感思的敘寫平淡，結構大致合宜，文辭大致通順
C+級	6-9分	未能正確說明命名緣由，對季節的感思，敘寫不具體，結構較鬆散，文辭未盡通順
C級	1-5分	解讀不當，未說明命名緣由，敘寫雜亂，結構鬆散，文辭不通，內容貧乏

108國寫試題解析

　　108國寫沿襲107國寫的形式，試題分為兩大題，第一大題為知性題，屬圖表判讀題型，下分兩小題，一題考核學生說明文的寫作能力，一題要求撰寫一篇議論文。第二大題為情意題，採條列陳述類型，以兩則文本讓學生閱讀，一則為文言文本，一則為白話文本，進而說明理解、抒發體會，亦同樣分為兩小題，讓學生一題撰寫說明文、一題撰寫抒情文。

　　同時，藉由這兩年知性題命題的方向，更加明確地說明以圖表命題的趨勢。然而，雖然連兩年以長條圖作為圖表命題的選擇，但在圖表判讀的練習上，不可侷限於此，曲線圖（折線圖、線形圖）、圓餅圖、表格、流程圖、地圖等各式圖表的閱讀理解，亦要有所掌握，並要進行圖表轉文字的表述練習，以增進、熟練文字表達的能力。

　　另外，學生對於文言文的閱讀也要掌握，須具備理解與詮釋的能力。本次情意題即以陶潛的事蹟作為文本，陶潛的《五柳先生傳》、《桃花源記》等都是學生耳熟能詳的文章，同時97年國中基測國文選擇題中亦曾出現本則選文，再加上題目提供相關注釋的情況下，雖以文言文本作為材料，但學生在十二年國語文教育中，接觸過的文言文本不在少數，對學生而言，應不算困難。從近幾年的測驗來看，在106國寫試測中，選了《戰國策》裡馮諼客孟嘗君的故事和王維的〈辛夷塢〉，108年釋出的國寫研究試題中，則以王安石〈遊褒禪山記〉命題，都顯露出文言文本的閱讀是不可偏廢的。要培養文言文閱讀理解的能力，可將課內的文本先行掌握，深入思索、理解後，再擴

及其他篇章，不可急於廣泛涉略，而忽略了基礎的學習。

　　近年來，現代詩歌作為讀寫材料的機率大增，從107國寫選擇了楊牧的〈夭〉，107和108的國寫研究試題分別選擇了泰戈爾《園丁集》的作品、佛羅斯特的〈未行之路〉，都可獲知一二。詩歌是文學中最精煉的作品，學生應要廣泛閱讀並體會，以培養對詩文的詮釋能力，可作為國寫準備的一個重要方向。

　　大型測驗除檢核學生的能力表現外，本就有一定的教育意涵，在本次的國寫試題中，知性題帶學生認識「糖」的好處與壞處，現今學生們人手一杯飲料，實有健康的疑慮，因此，測驗題目不只檢核學生的讀寫表現，也傳遞了健康的知識。而情意題希冀學生能發覺人性的光明面，了解為人處事，甚至看待事物，若能以溫暖的心視之，社會定能更為祥和。而從這樣的命題角度出發，也可作為同學在平時讀寫練習時的考量。

　　以下分別論述各題寫作的要領，各舉範文為例，並表列大考中心公告此次的評分標準，作為學生練習答題時的參酌。

知性題試題

　　糖對身體是有好處的，運動過後或飢餓時，適當地補充糖會讓我們迅速恢復體力。科學研究也發現，大腦細胞的能量來源主要來自葡萄糖，當血糖濃度降低時，大腦難以順利運轉，容易注意力不集中，學習或做事效果不佳。不過，哈佛醫學院等多個研究機構指出，高糖飲食會增加罹患乳癌及憂鬱症等疾病的風險；世界衛生組織也指出，高糖飲食是造成體重過重、第二型糖尿病、蛀牙、心臟病的元兇，並建議每日飲食中「添加糖」的攝取量不宜超過總熱量的10%。以每日熱量攝取量2000大卡為例，也

就是50公克糖。我國國民健康署於民國103年至106年的「國民營養健康狀況變遷調查」中，有關國人飲用含糖飲料的結果如圖1、圖2所示。

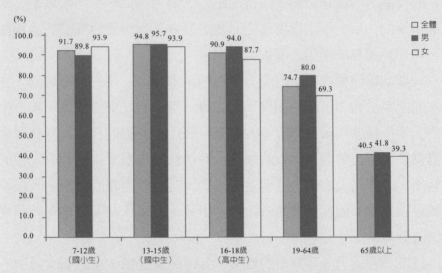

圖1　國人每週至少喝1次含糖飲料之人數百分比

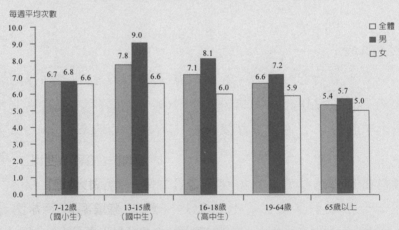

圖2　國人每週至少喝1次含糖飲料者，其每週平均喝的次數

不用出門補習，寫好國寫作文不難

請分項回答下列問題。

問題(一)：國民健康署若欲針對18歲（含）以下的學生進行減糖宣
導，請依據圖1、圖2具體說明哪一群體（須註明性別）
應列為最優先宣導對象？理由為何？文長限80字以內
（至多4行）。（占4分）

問題(二)：讀完以上材料，對於「中、小學校園禁止含糖飲料」，
你贊成或反對？請撰寫一篇短文，提出你的看法與論
述。文長限400字以內（至多19行）。（占21分）

解題指引

本題在題目中說明「糖」的優缺，並以圖表帶出兩則題目。因此
要寫作本題，首先，先由圖表名稱判讀該圖表所傳遞的訊息為何，再
依題意找出答案，進而思索如何以文字進行詮釋。

問題(一)

為說明文類的撰寫，且題目要求以圖一和圖二作為依據，圖一為
「國人每週至少喝1次含糖飲料之人數百分比」，圖二為「國人每週
至少喝1次含糖飲料者，其平均每週喝的次數」，因此在理由中，要
能掌握「人數」與「次數」兩項重點進行回應，並留意80字內作答的
寫作字數限制。

問題(二)

要求對「中、小學校園禁止含糖飲料」一事，提出贊成或反對的
意見，為議論文類，可掌握三項原則以撰寫本文：

　　1.清楚表達立場以闡述論點

　　2.運用相關資料以作為論據

3.嚴謹說明理由以進行論證

在立場上宜明確，不可反覆，可於首段先行表明論點，再於後文中論述理由。且題目中明白寫到「讀完以上材料」，因此自題目文字與圖表中取材論據，可以說是最適切的舉措。議論文便是要以具體的證據說服他人，題目中所提供的數據正是最好的材料。另外，題目中對於寫作字數的限制，也是在作答時不可不注意之處。

範文

（一）

國民健康署應以13-15歲的國中男生作為優先宣導對象。13-15歲本就是所有年齡層中，每週喝含糖飲料人數最多者，高達94.8%，其中男生每週平均喝9次，更是遠多於同群體女生的6.6次。

（二）

關於中、小學校園是否禁止含糖飲料的問題，我持贊成的立場。因為依據世界衛生組織建議，每日飲食中「添加糖」的攝取量不宜超過總熱量的10%，而學生在校園外的飲食多已滿足攝取量的需求，無需在校園中再提供。

當然有人提出反對的意見，認為在校園中是否提供含糖飲料，不必強制規定，可藉由民主參與程序，讓全校師生共同制定，或由師長給予建議，讓學生自己做決定，因現實生活中本就是含糖飲料充斥的環境，在校園中禁止，形塑出一個健康飲食的環境，不過只是掩耳盜鈴、自欺欺人罷了！

然而，在國民健康署於民國103年至106年的「國民營養健康

狀況變遷調查」中顯示，中小學生每週喝6-8杯含糖飲料，換而言之，即是每天都喝了一杯以上，多過於19-64歲和65歲以上的群體。若學生在放學時間飲用含糖飲料，每週已屆6-8杯，如讓學生在校園中亦可輕鬆取得含糖飲料，對學生的健康恐是個大警訊。

　　學生在中小學時應學習爲自己的健康負責，但在校園的7-8小時中，提供學生一健康飲食的環境，亦是成人應承擔的社會責任，所以中、小學校園中應禁止含糖飲料。

範文賞析

　　範文中，問題㈠在有限的字數中，先行回答13-15歲男學生是優先宣導對象，以直接回應題目要求，再進而扣住「人數」與「次數」兩項，明確提出數據以說明，讓表述更爲具體且清晰。問題㈡先在首段表明立場，並藉由題目與圖表中的資料和數據，佐證自己的觀點，並說明在國民健康署的報告中，既已指出學生在校園外糖的攝取量已足夠，在校園中開放含糖飲料，反而是造成學生健康危害的主張。結尾更再重新呼應首段論述，以切合題旨。可與表1所羅列的評分標準進行檢核。

表1　大考中心108國寫知性題評分標準

級分	分數	評分標準
A+級	22-25分	能依據圖示正確說明宣導對象，理由具體而清晰，且對「中、小學校園禁止含糖飲料」言之有理，論述清晰，文辭精練

級分	分數	評分標準
A級	18-21分	能依據圖示正確說明宣導對象,理由具體而清晰,對「中、小學校園禁止含糖飲料」條理分明,論述扼要,文辭暢達
B+級	14-17分	能依據圖示說明宣導對象與理由,惟敘述欠具體清晰,但對「中、小學校園禁止含糖飲料」論述合理,文辭得宜
B級	10-13分	能依據圖示說明宣導對象與理由,惟敘述欠具體清晰,對「中、小學校園禁止含糖飲料」論述普通,文辭平順
C+級	6-9分	略涉及宣導對象或理由,惟未引用圖示資訊,或說明紊亂,且對「中、小學校園禁止含糖飲料」論述空泛,文辭欠平順
C級	1-5分	略涉及宣導對象或理由,惟未引用圖示資訊,或說明紊亂,且對「中、小學校園禁止含糖飲料」論述雜亂,文句不通

情意題試題

甲

　　(陶潛) 爲彭澤令。不以家累自隨,送一力給其子,書曰:「汝旦夕之費,自給爲難。今遣此力,助汝薪水之勞。此亦人子也,可善遇之。」(《南史·隱逸·陶潛傳》)

> 力:勞役、人力。
> 旦夕之費:日常的花費。
> 薪水:打柴汲水。

乙

　　飯後,眾人各自有事離去,留下貞觀靜坐桌前默想。她今日

的這番感慨，實是前未曾有的。

　　阿啓伯摘瓜，乃她親眼所見。今早，她突發奇想，陪著外公去巡魚塭，回來時，祖孫二人，都在門口停住了，因爲後門虛掩，阿啓伯拿著菜刀，正在棚下摘瓜，並未發覺他們，祖孫二個都閃到門背後。貞觀當時是眞愣住了，在那種情況下，是前進呢？抑是後退？她不能很快作選擇。

　　然而這種遲疑也只有幾秒鐘，她一下就被外公拉到門後，正是屏息靜氣時，老人家又帶了她拐出小巷口，走到前街來。

　　貞觀人到了大路上，心下才逐漸明白：外公躲那人的心，竟比那偷瓜的人所做的遮遮掩掩更甚！

　　貞觀以爲懂得了外公的心意：他怕阿啓伯當下撞見自己的那種難堪。

　　事實上，他還有另一層深意，貪當然不好，而貧的本身沒有錯。外公不以阿啓伯爲不是，是知道他家中十口，有菜就沒飯，有飯就沒菜。（改寫自蕭麗紅《千江有水千江月》）

閱讀甲、乙二文，分項回答下列問題。

問題(一)：請依據甲、乙二文，分別說明陶潛對於人子、外公對於
　　　　　阿啓伯的善意。文長限120字以內（至多6行）。（占7
　　　　　分）

問題(二)：陶潛或者外公對他人的善意，你可能也曾見聞或經歷
　　　　　過，請以「溫暖的心」爲題，寫一篇文章，分享你的經
　　　　　驗及體會。（占18分）

解題指引

　　本題以兩則文本作爲閱讀材料，甲文引用南史中陶潛的軼事，陶潛的作品與爲人，對學生而言並不陌生，而蕭麗紅作爲臺灣現代文學名家，乙文摘錄自其名作《千江有水千江月》中，文句淺白易懂，學生在閱讀、理解兩則資料後，即能回應問題㈠。問題㈠爲一說明文類的寫作，有一關鍵重點，其要求「分別說明」，因此在答題時，要能將甲乙兩文分別談論，方能符合題目要求，不可不慎。

　　問題㈡以「溫暖的心」爲題，讓學生寫作一篇抒情文。形式上雖與107國寫相同，但情意題文章和兩題題目間有著相關性，並非各自獨立的題目。從題目論述來看，「陶潛或者外公對他人的善意，你可能也曾見聞或經歷過」一句，連結「分享你的經驗及體會」，顯然要先閱讀、理解材料，方能進行寫作抒發，所以寫作時，文中需扣住「推己及人」、「將心比心」、「設身處地爲他人著想」等關鍵詞。同時，因題目中明確要求文中需有自己的經歷，並提出在經歷中的感觸，在寫作時不可忽略。另外，因本題爲情意試題，寫作者應要能掌握抒情筆法，抒發個人內心的情感。

範文

㈠

　　陶潛說明人子的工作範圍，叮嚀自己的孩子要有推己及人之心，以善待人子。而外公理解阿啓伯不得不爲的苦，不撞破讓阿啓伯難堪，更在孫子面前以自身作爲，爲阿啓伯保留了顏面。不論是陶潛對於人子，或外公對於阿啓伯，都有著設身處地爲他人著想之善意。

（二）

溫暖的心

　　每每瀏覽手機新聞，凶殺案、暴力事件、爭權奪利新聞總充斥版面，紛亂、虛偽、現實似乎已成了這社會的代名詞。每天出門前，父母的叮嚀總重複著「放學快回家，外面很危險……」，也讓我隨時提防著他人。我不知「臺灣最美的風景是人」為何意，我只知「知人知面不知心」，與他人保持距離以保護自己，總是沒錯的。

　　在家中，每天出去遛狗總是我的任務。有一天出去的時候，有位阿姨帶著一隻老邁的柯基犬迎面而來，交會時，她低頭逗弄我的狗，親切地問到：「牠叫什麼名字啊！怎麼這麼可愛！」，當下我愣了一下，不知該不該回話，心裡想著「她想幹嘛啊！該不會要推銷東西吧！」，但阿姨只是和我聊著養狗的趣事，還將她剛買的狗零食分了一包給我，當時的我只覺得有點尷尬，卻又有點莫名的喜悅，心想這應該就是所謂的「人情味」吧！

　　在那天後，遇到那位阿姨我都會打招呼，同時開始放慢腳步，留意四周人的舉止與表情。發現和我帶狗散步的時間相仿，常會有位外國人出來慢跑，他都會對人微笑問好，而很多人看到我家的狗，雖然沒有什麼動作，但也都會微笑或裝個表情逗牠，這是在我刻意與人保持距離時未曾發現的。於是我將心比心，希望將我獲得的溫暖也帶給別人，所以我開始對一同遛狗、散步的人打招呼，我發現，原本面無表情的人們露出了羞赧的微笑。

　　我想起老師曾分享林清玄的一篇文章〈四隨〉，文章中說到，我們要能設身處地為人著想，並以此待人，能讓我們的心更澄澈、柔軟。若我們總是以冷漠待人，怎能希望他人親切地對待

自己？推己及人，社會中人人如若都有溫暖的心，彼此關心與交流，我相信定會讓社會變得不同，讓人們再次體會到「最美的臺灣」！

範文賞析

問題一的範文依據題目的要求，先分別說明陶潛對人子和外公對阿啓伯的表現為何，最後並總結兩者的善意皆是設身處地為人著想，先分後合，層次分明。

在問題二的範文中，首段陳述自己冷情處世的原因，進而提出自己對於「臺灣最美的風景是人」的疑惑。第二、三段分享自己的經歷，並說明自己被他人溫暖的心所感動，從而有所改變，將心比心，也開始試著以溫暖的心待人。最後一段舉林清玄的文章為例，抒發自我的體會，讓我們要能設身處地為人著想，推己及人，以溫暖的心待人，才能讓「最美的臺灣」重現，以此扣回首段。文章所述結構分明，敘寫生動近人。可與表2所羅列的評分標準進行檢核。

表2　大考中心108國寫情意題評分標準

級分	分數	評分標準
A+級	22-25分	能同時說明陶潛對於「人子」、外公對於阿啓伯的心情，解讀深刻，文辭優美，且文章能深刻描述經驗，及從經驗中所獲得的體會，敘寫生動，結構謹嚴，文辭優美
A級	18-21分	能同時說明陶潛對於「人子」、外公對於阿啓伯的心情，解讀適切，文辭順暢，且文章能適切描述經驗，及從經驗中所獲得的體會，敘寫細膩，結構穩妥，文辭順暢

級分	分數	評分標準
B+級	14-17分	能同時說明陶潛對於「人子」、外公對於阿啓伯的心情，解讀穩妥，文辭平順，且文章能充分描述經驗，及經驗中所獲得的體會，敘寫具體，結構適當，文辭平順
B級	10-13分	能說明陶潛對於「人子」或外公對於阿啓伯的心情，解讀大致合理，文辭尚可，且文章能描述經驗，及從經驗中所獲得的體會，敘寫平實，文辭大致通順
C+級	6-9分	說明陶潛對於「人子」或外公對於阿啓伯的心情，解讀不切情理，文辭不佳，且文章經驗及體會敘寫浮泛，或偏離焦點，文辭欠通順
C級	1-5分	無法掌握題旨，解讀不當，文辭拙劣

109國寫試題解析

　　109國寫在以前兩屆國寫為基礎下，開始有了不同的變化。知性題一改前兩屆的圖表命題形式，改以單篇長文入題，再下分兩小題，一題針對文中所述進行說明，一題則接續文章結尾，要求表達個人的觀點和看法。而情意題則採條列陳述類型，以一則古典詩詞、一則現代散文為文本，讓寫作者分析其不同，進而針對文題提出感懷。因此，寫作者在完成測驗後，將寫作說明文、議論文、抒情文三種形式，也測驗了分析、比較、統整、表達等能力。

　　而長文閱讀自被揭示為現今學生缺乏的能力後，已成為教育改革中著重的教學與評量重點，因此，在國寫逐漸步入正軌的當下，以長文為題，已成為一種趨勢。我們要在日常生活中，熟練閱讀理解策略的應用，增進自己的閱讀理解能力，這樣才能快速掌握篇章，而才不會在寫作時，花費太多時間在篇章理解上。且延續前幾屆在閱讀材料中以文言文本作為素材，109國寫中也選擇了蘇東坡的詞，讓人閱讀後分析、比較意涵，蘇東坡的作品向來獲得學生喜愛，學生對於蘇東坡的生平、為人亦相對熟稔，應有助於理解該作品，不過從長文閱讀到文言素材理解，都需要日常持續地積累，才能在寫作時有好的表現。

　　另外，清楚理解各項文體的特色，掌握文體特質進行書寫，並扣緊主題，有明確的讀者意識，知曉讀者的需求，才能得到好的寫作成績，亦即要能監控自己的寫作歷程，這無法一蹴可成，需要在反覆練習中養成，閱讀與寫作已成為無法分割的兩個面向，藉由不斷訓練，

能讓自己的表現愈來愈出色。而在寫作後，自己也要能跳脫出作者的身分，以讀者的立場審視，才能讓自己的表現愈來愈進步。

以下自109國寫的題目，以範文為例，論述其寫作重點，並以大考中心公告的評分標準，作為學生練習答題時的參酌。

知性題試題

玩具種類繁多，大致可以分成古典玩具、積木玩具與擬仿玩具這三大基本分類。古典玩具其特徵是造型簡單，不刻意模仿現實事物，提供兒童以各種方式耍弄，即常見的童玩（七巧板、陀螺等）。相反地，擬仿玩具不同於積木玩具的單元式或化約式排列組合，這類玩具試圖模擬現實上或想像上的事物樣貌。模仿的對象從名人偶像、卡漫人物到槍砲刀劍、交通工具、軍事武器等應有盡有，並分別發展為自成一格的複雜體系。

擬仿玩具不只是提供存在的物質本身，更包含其背後所蘊含的意象、敘事、歷史記憶等脈絡。例如卡漫玩具主角衍生自整套卡漫文本；交通玩具（跑車、工程車等）則可引發對某種生活方式、社會地位與品味的認同；軍事武器則關聯於對戰爭史和科技發展史的知性興趣。

各個時代的孩子都會拿日常生活中取得的物品製作玩具，或者是自己設計、就地取材。專門替小孩製作玩具這種現代化形式，一直到啟蒙主義時代才出現。當時德國人對兒童的教育非常嚴格，但不久便有人開始對這種教育方式產生質疑，並重新思考孩子的本質及教育的意義。這些人肯定遊戲對孩子不可或缺，同時也提倡學習應該是快樂而非枯燥、無趣，因此接著又出現強調合宜的玩具對孩子具有重要性的聲音，福祿貝爾就是支持此種主

張的人士，於是造型簡單的積木於焉誕生。

　　玩具的存在體現價值觀的變遷而反應在玩具的型態上，那麼要怎麼看待孩子玩玩具？小時候常常聽到大人告誡不要再玩玩具了，趕快去用功讀書，但現今也常常聽到許多專家學者不斷鼓吹玩出創造力，即使還是有許多人認為買玩具是一種奢侈、享樂主義式的行為。

　　現今對於玩具是否是一種可以玩出大能力的中介物，還是仍認為它是享樂？這都顯示出不同類型的人對玩具消費看法的差異，它到底是玩物喪志？還是玩物養志？顯然仍各說各話。（改寫自張盈堃〈物體系：玩具的文化分析〉）

請分項回答下列問題：

問題（一）：請依據上文，說明積木誕生的背景因素。文長限 80 字
　　　　　　以內（至多4行）。（占4分）

問題（二）：玩具對你而言，較偏向「玩物喪志」或「玩物養志」？
　　　　　　請就你的成長經驗，說明你的看法。文長限 400 字以內
　　　　　　（至多19行）。（占21分）

解題指引

　　善於閱讀的讀者會先釐清閱讀的目的，因此，宜先從題目進行掌握，再進行閱讀。而兩個題目中，第一題依據文章內容說明積木誕生的背景因素，第二題則是要自「玩物喪志」和「玩物養志」兩種觀點中，擇一說明看法，並舉自己的經驗說明。

　　因此，本篇文章先介紹玩具的分類及其定義，進而說明玩具的歷

史緣由和價值，並帶出「玩物喪志」和「玩物養志」兩種不同的觀點。第一題的答案可以直接在文章中找到，只要掌握字數的要求即可。而第二題裡，「玩物喪志」和「玩物養志」兩種觀點中，應明確選定觀點進行論述，才能在有限的字數與時間中，表達自己的想法，文章不宜在兩種觀點中游移，應直接切入重點，明白表述立場，以論據說服他人支持自己的論點，才是在有限的時間中撰寫議論文的有效策略。

範文

(一)

　　啟蒙時代後，認為教育應重新思考孩子本質及教育意義的聲浪興起，主張學習應是快樂的，且合宜的玩具對孩子具有重要性，造型簡單的積木於是誕生。

(二)

　　玩具作為陪伴我成長的夥伴，鍛鍊了我的創造力，不斷試誤的耐心與抗壓力，更培養了我企劃的精神，因此，「玩物養志」正是我的最佳詮釋。

　　我從小喜歡玩樂高積木，在拼組的過程中，我會按說明書一步步規劃我的進程，在不順遂的時候，我也能耐著性子，一次次嘗試，因為每次當我完成一個作品的時候，那種充斥的喜悅是無與倫比的。而且我也會為這些作品，編寫出一個又一個的故事，有時是勇者闖入城堡大戰惡龍，有時是忍者執行暗殺任務，激發出源源不絕的創意。

　　在單一價值觀的局限下，若以學習成績的高低作為評量表現

的唯一規準，那顯然很多人會認爲鍾情於玩具，只是浪費時間，但在多元價值的現今社會，玩具已成爲激發孩子成長的重要選項之一，許多研究也提出，在孩提時代讓孩子多接觸玩具，不但可開發能力，也可以培養人際等關係。

　　因此，不應停留在「玩物喪志」的傳統觀點中，用玩具玩出能力，發掘出自己的潛在特質，才是新時代的新方向。

範文賞析

　　第一小題，自文章中所述，將其簡要進行說明，並能掌握在80字的要求內。而第二小題，則以「玩物養志」爲論點，文分四段，以起承轉合的方式，首段便開門見山地說明主張，第二段則回應題目中，對於成長經歷的要求，以自身藉由樂高玩具所獲得的成長作爲例子，第三段則對於「玩物喪志」的觀點提出質疑，認爲其受限於單一價值觀，第四段則總結全文，認爲在多元的社會，應藉由玩具培養能力，發覺自己的特質。

表1　大考中心109國寫知性題評分標準

級分	分數	評分標準
A+級	22-25分	能完整敘述積木誕生背景因素，且結合具體生活經驗，針對「玩物喪志」與「玩物養志」，深入闡述自己觀點，論證有力，結構謹嚴，文辭流暢者
A級	18-21分	能敘述積木誕生背景因素，且結合具體生活經驗，針對「玩物喪志」與「玩物養志」說明清楚，敘述暢達，條理分明

級分	分數	評分標準
B+級	14-17分	敘述積木誕生背景因素不夠完整,但對「玩物喪志」與「玩物養志」能結合生活經驗說明自己觀點,論證尚稱明白,文辭亦得宜
B級	10-13分	敘述積木誕生背景因素不夠完整,對「玩物喪志」與「玩物養志」論證平平,生活經驗描述普通,文辭尚稱通順
C+級	6-9分	針對積木誕生背景因素敘寫雜亂,文辭拙劣,且對「玩物喪志」與「玩物養志」前後邏輯矛盾,觀點不清,結構鬆散,文辭欠通順者
C級	1-5分	任意臚列材料組合成篇,立場含糊,敘寫雜亂,文辭不通

情意題試題

甲

　　夜飲東坡醒復醉,歸來彷彿三更。家童鼻息已雷鳴,敲門都不應,倚杖聽江聲。長恨此身非我有,何時忘卻營營?夜闌風靜縠紋平,小舟從此逝,江海寄餘生。(蘇軾〈臨江仙〉)

乙

　　山居中的恬靜最使人心生歡喜,覺得充滿了幸福。但這種感覺完全是屬於我個人私己的,難以和他人分享。當深夜沉寂,偶爾會有一部卡車從山腰轟隆急馳而過,聲音在峽谷間響應激盪,久久停留,我往往就會從安寧的心緒中驚覺過來。車上至少有一個聚精會神在奔波的人,重山曲流外就是苦樂混合著沸騰的紅塵,那裡面也有著我的妻女和親友,而我卻一個人上山來獨自享受清靜。那麼,我的幸福是不是純由逃避式的懶散得來的呢?山居只是自己刻意經營的一種看似空靈其實奢侈的生活?心安理得

會不會是虛幻而脆弱的？

　　至少，我不希望如此，因爲人間是我的根本用情處。（陳列《地上歲月‧山中書》）

請回答下列問題：

甲文中，蘇軾面對夜闌風靜，意欲「小舟從此逝」，遠離塵世；乙文中，陳列則從山居中的恬靜，興發「人間是我的根本用情處」的情思，二者顯然不同。請以「靜夜情懷」爲題，連結甲文或乙文的體悟，寫一篇文章抒發你對靜夜的體驗及感受。（占25分）

解題指引

　　本題作爲情意題，首先，先要分析蘇軾的〈臨江仙〉與陳列《地上歲月‧山中書》中所述有何異同，如此才能扣住其異同，抒發自己的情感，而不會言之無物。同時，題目中要求針對「靜夜」提出感悟，且要說明體驗與感受，因此，文章中要能點出「靜夜」的特質，並說明自己在靜夜中曾有過的經驗，並有些什麼樣的感觸，進而與蘇軾或陳列的文章相呼應，才能較貼近題目的要求。

範文

靜夜情懷

　　家住在郊區，每當晚上十一二點的時候，人們陸續回到自己的家中，四周便寂靜了起來，連散步的人聲也沉默了。喜歡在這個時候遠眺，不再翻讀課業，不再做沒做完的工作。這個時間只

屬於我自己，不用再緊繃精神，是可以真正放鬆的時光。

　　我常在這個靜謐的時分，打開落地窗，望著對面大樓中尚未熄滅的燈光，想著這屋中的人們在做些什麼呢？而燈光熄滅的人家中，又為什麼早早就入眠？他們像我一樣是個學生嗎？也像我一樣忙碌於人生，卻庸庸碌碌而一事無成嗎？還是他們有著什麼屬於他們自己的故事呢？

　　蘇軾在靜夜時，心中湧起因被貶謫，而放浪於山水的情思。陳列則在恬靜的的深夜，省思身居山林，追尋自我的舉措。然而，這都是對人間有情，所以蘇軾眷戀，陳列不捨，那萬般的想望與執著，才會成為了一種緣分的線，貫穿、糾結，有時拉得鬆，有時扯得緊，卻都牽動了我們的心，讓我們行走於人間時，時而深沉、時而激昂。想到這裡，頓時覺得自己不再寂寞，因為這些苦難與喜悅，並非自己所獨有。

　　人間啊！寄託了諸多人的情感，在靜夜萬籟俱寂的時候，才能在獨語中，驀然顯現，不再防備他人，不再抗拒自我，真誠地面對自己。而我也於此，在心中滋生了一絲的勇氣，鼓舞著自己，繼續朝著心中的目標繼續前進。

範文賞析

　　本文從「觀」到「思」，進而回歸本心，層層遞進。首段即點出時間點，並針對「靜夜」特質進行描寫，並藉由眼睛之「觀」，說明何以啟發思慮，同時扣住文本中蘇軾與陳列雖對於靜夜有不同情懷，但其實都是因為有情於人間，才會有這些反應，進而反思自我的內心，並點出「靜夜」具有破開自己對於他人，甚至自我的防備之心的氛圍，在這樣的時刻中，自己也釐清思緒，更有勇氣邁向未來。

表2 　大考中心109國寫情意題評分標準

級分	分數	評分標準
A+級	22-25分	能具體連結甲、乙文的情境，充分表達自己對靜夜的體驗，敘寫生動，結構謹嚴，文辭優美
A級	18-21分	能具體連結甲、乙文的情境，表達自己對靜夜的體驗，敘寫細膩，結構穩妥，文辭順暢
B+級	14-17分	能大致連結甲、乙文的情境，表達自己對靜夜的體驗，敘寫具體，結構適當，文辭平順
B級	10-13分	能大致連結甲、乙文的情境，表達自己對靜夜的體驗，敘寫平實，文辭尚稱通順
C+級	6-9分	未能恰當連結甲、乙文的情境，敘寫浮泛，文辭不佳，或偏離焦點，文辭欠通順
C級	1-5分	無法掌握題旨，敘寫雜亂，文句不通，文辭拙劣

Note

國家圖書館出版品預行編目資料

不用出門補習，寫好國寫作文不難／汪中文等
著. -- 三版. -- 臺北市：五南圖書出版股
份有限公司，2021.01
　　面；　公分.
　　ISBN 978-986-522-343-4（平裝）

1.國文科 2.閱讀指導 3.作文 4.中等教育

524.31　　　　　　　　　　109017319

ZXOD 悅讀中文系列

不用出門補習，寫好國寫作文不難（第三版）

14位國高中及大學老師，聯手解題，49個
範例，教你國文寫作的方法及寫作步驟

作　　者 ─ 汪中文、林登順、陳光明、汪　彤、阮玉如
　　　　　　卓毓婷、施穗鈺、高敬堯、莊千慧、黃鈺雯
　　　　　　楊椀清、楊曉君、葉秀娥、財團法人中華民
　　　　　　國電腦技能基金會-CWT全民中檢◎合著

發 行 人 ─ 楊榮川

總 經 理 ─ 楊士清

總 編 輯 ─ 楊秀麗

副總編輯 ─ 黃惠娟

責任編輯 ─ 范郡庭

校對編輯 ─ 蘇禹璇

封面設計 ─ 黃聖文

出 版 者 ─ 五南圖書出版股份有限公司

地　　址：106台北市大安區和平東路二段339號4樓

電　　話：(02)2705-5066　傳　　真：(02)2706-6100

網　　址：https://www.wunan.com.tw

電子郵件：wunan@wunan.com.tw

劃撥帳號：01068953

戶　　名：五南圖書出版股份有限公司

法律顧問　林勝安律師事務所　林勝安律師

出版日期　2018年1月初版一刷
　　　　　2018年1月初版二刷
　　　　　2018年8月二版一刷
　　　　　2021年1月三版一刷

定　　價　新臺幣370元